MIND心研社图书

为心灵提供盔甲和武器

一边焦虑一边成长

蘑菇姑姑 著

北京联合出版公司
Beijing United Publishing Co.,Ltd.

图书在版编目（CIP）数据

一边焦虑，一边成长 / 蘑菇姑姑著 . -- 北京 : 北京联合出版公司，2020.1（2021.10重印）

ISBN 978-7-5596-3758-1

Ⅰ．①一… Ⅱ．①蘑… Ⅲ．①焦虑一心理调节一通俗读物 Ⅳ．①B842.6-49

中国版本图书馆 CIP 数据核字 (2019) 第 227079 号

一边焦虑，一边成长

作　　者：蘑菇姑姑
图书策划：耿璟宗
责任编辑：牛炜征
特约编辑：刘广生
特约统筹：高继书
装帧设计：仙境设计

北京联合出版公司出版
（北京市西城区德外大街 83 号楼 9 层 100088）
北京联合天畅文化传播公司发行
北京美图印务有限公司印刷　新华书店经销
字数 145 千字　880 毫米 ×1230 毫米　1/32　8 印张
2020 年 1 月第 1 版　2021 年 10 月第 3 次印刷
ISBN 978-7-5596-3758-1
定价：39.80 元

自序

一边焦虑，一边成长

你为什么焦虑

不知道你有没有发现，现代社会每个人最大的共同点就是——忙？

忙到没空见面，忙到没空吃饭，忙到没空做爱，忙到没空听清别人说什么就匆匆行动……

可是你问他："你到底在忙什么呢？"他愕然。

就像禅宗的当头棒喝"你是谁"会让人突然开悟一样，这个问题往往让我们在忙碌的麻痹中抬起头来，茫然地望向被搁置在角落里的意义问题。

忙什么呢？愕然之后，你可能说出一些具体的事情：

"孩子刚出生，换了工作……"

“我都三十了，还没对象，我忙着上班，忙着找合适的对象呢……”

“我这个项目再不做出成绩来，这个风口又赶不上了……”

这些看起来都是实实在在的事情，但是你我都知道，细想起来，并不是这些表面事件在驱动我们往前走。

正如一个焦虑地赚着奶粉钱的爸爸，不是真的被困在养育的问题上，他焦虑枯黄的面容里写着一个渴望：我想做个好爸爸。他想赚的是更好的未来，是这个目标推动他一往无前。而细问他，“更好的未来”的“好”到底如何定义？我想这就涉及和他人的比较：“是啊，我尽力给了最好的，但是这份给予也不能在别的父母平均线之下，最好还能更好点。”

所以，所谓荒腔走板的生活不是在诉说“无能为力”，而是在回应心底对自我的“疑问”，我是优秀的？我是被爱的？我是安全的？我是成功的？我配得上并能够得到我想要的一切？

这些疑问在庞杂的人生境遇（工作、结婚、生子、交友等）中，犹如背景声在喧闹的轰隆向前滚动的时代和生活中回响。

作家木心有一句话说：“生命是时时刻刻不知如何是好。”可谓精准地描述了人生的深层焦虑，一如热锅上的蚂蚁，奔忙、寻找、焦灼，并非因为现实困境，而是因为在每个具体问题下的心灵困境——我该如何存在？

当我们漂浮在问题的表层，就想通过解决某个问题来迅速缓解焦虑，认为这件事做到了，我们就好了。

我可以负责任地告诉你，这是假象。正像抚养一个孩子，你会说孩子断奶，我的生活就好了；可断奶之后还有学步呢，你说孩子学步就好了，不用抱了，就轻松了；可不用抱了之后还有学说话呢，学了说话之后还有上幼儿园，还有小学、中学、大学……

如果说有什么事是我长大以后才明白的，那就是，我们无法通过解决一个具体问题，一劳永逸地换来内心的平静和安宁。更多的时候，我们要接纳一个事实：人就是解决问题的动物，我们一生都在学习处理各种“问题”，与永恒的焦虑共存。

既然焦虑永远都在，那么和焦虑相处的“我”就更重要。换句话说，不要被那些具体的问题“吓倒”，问题并不重要，重要的是“谁”在处理问题——因为你做什么都可以，只要知道你是谁，你也可以什么都不做，只要你确定你所站的地方是属于你的。

这种内在自我的完整感，拥有一种存在的核心力量，带你笃定从容地穿梭于人世间。

虽然这样的自我主体感并不容易确立。因为有关自我价值的回答是拼凑式的，就像一个拼图游戏，自我的真相由碎片构成，在不同的人生事件中不断更新，你要在漫长的人生中学会和每个具体的焦虑打交道，然后就像打到足够的积分就能通关一样，凑够了拼图才能渐渐找到越来越完整的自我图像。

所以，生活的常态就是你一直在处理各种具体事务，一直学着忍受自己的不完美，忍受焦虑中的未知和已知，学会在自己的欲望和外物的期待之间保持动态的相对平衡，只要你不被各种惊慌吓倒，就能增长解开这个谜题的资源。

成长是自我操作界面的更新

一个减肥的好朋友昨天跑过来跟我说：“昨天大吃大喝了，好后悔啊。”

她又开始习惯性地自责：“你说我怎么总是管不住自己。”

我提了个问题：“你有没有意识到这不是自控力的问题，而是目标设置的问题？”

如果你把“快速瘦下来”当成一个僵硬、单一的目标，那这次计划外的吃喝就变得相当不能容忍，这是一次挫折和失败，人就会变得自责。而且，可以想见，这样的失控情况将会一再发生。因为只要有“控制”就会有“失控”，这是必然的，否则减肥也不会是一个公认的世界难题了。

但倘若现在换一种思路，“瘦下来”不是一个最终要到达的目标，而是一个不断出线又拉回的过程，我们会怎么看待减肥的目标呢？

减肥是一个生活和饮食习惯的长期改变，或者说它改变的是你内心一套看待食物和饥饿之间关系的旧有模式。

这个模式需要你和它的磨合。比如，我发现这个朋友经常在心情不好的时候大吃大喝，她并不是真饿，于是，我提醒她小心这个信号，下次心情不好的时候，手边放的应该是低脂饱腹的黄瓜，或者是找到另一个“对自己好”的方式，哪怕是去买买买、去唱歌、跟朋友交谈，等等，这些事情能够缓解压力，从而修复心情，降低驱动大吃大喝的无意识动能。

因此，减肥可能会在相当长一段时间里是你生活调整的重心，你可能今天吃得多一点，没关系，那是旧有模式又出来了，去认识它的原因和机制，明天就还是回到新的模式上来，带着对旧有模式的更多理解，一次次地调频回来。

就好像你学习溜冰，其实是学习一种新的走路方式，以替代你平常的步行方式。在学习溜冰的过程中，一次摔倒了下次再来，你不会摔倒一次就自责一次吧，而是默认这需要练习、适应、循序渐进，也不会把必然的失误都当作自控力的失败，而是默默寻找身体在溜冰过程中轻松自如的感觉。

同一件事，我们的焦虑来源于想要完全控制目标，而缺乏对过程的理解、细致的自我关怀、深度的觉察练习……究其原因可能是对自己的心灵并不怎么了解，抱持一种无知的“假设”，好像只要“命令”自己、做不到就“惩罚”自己，这样就能做到了。

这可以说是对心灵的暴力相向，大多数时候，这种方式加剧了焦虑，也让焦虑一再循环。焦虑并不可怕，可怕的是焦虑的重复，将会使我们在各种情景里捉襟见肘。

在复杂的社会情景中，外界永远会失控，焦虑永远会超出你的想象，但只有不断深入理解自己的心灵，才能够帮助你从容应对，消化难堪，并且把它迅速转化成你需要的成长材料，迁移到更多的选择中去。这是让我们能够应对复杂人生的基本线索。

心理学知识是如此重要，因为它是你自我升级的基础。假设你是一台电脑，减肥只是其中打开的一个窗口，你的工作、爱情、友情都可以是其中可以打开的一个窗口，操作这一切的是你本人的心智模式。旧的生活模式对应旧的心智系统，不在操作系统中重新设置一个新的规则，你就会在旧的模式中团团打转，具体问题一个接一个，却是同一个操作系统下的无效重复。如果要有新的生活，就需要对心智系统进行整体升级。就像减肥涉及饮食方式的全盘改变，这不是一朝一夕的，是一条调整旧有饮食模式的漫漫长路。在这段长路之后，你会突然发现自己的心理清晰地摆在眼前，当你学会和自己相处，减肥或者其他很多问题都会迎刃而解。

任何一个具体的生活焦虑，我们可以看作人生某个打开窗口的交互界面。当我们深入焦虑的时候，对话的是心理机制，它触发的是对自我操作系统的重新思考。

直视焦虑

存在主义心理学家欧文·亚隆在描述死亡焦虑时，用了一个比喻："你不能直视骄阳，也不能直视死亡。"因为骄阳让人眼睛受伤，而直视死亡，会让人心生恐惧，惧怕未来。

人的本性如此，人面对焦虑时，本能地想要逃避，因为焦虑会带来巨大的恐惧。

人们对未知的焦虑大于死亡，这是成长最大的障碍。

如果不能按你所想的去生活，那么你就只能按你所生活的去想。人总是用已知的框架来解释未知的事情，这导致我们的人生越来越僵化。

真正的自由，正是以失去安全感的方式，换来新的可能性。如果我们又想要可能性，又害怕失去一切，那就很难获得成长。所以，最大的焦虑可能就是对自由的焦虑。

实际上，我们最大的焦虑是走出舒适区的成长焦虑，它会危及我们对自己安全感的评估，然而直视这种焦虑，不断把未知纳入我们的心智，是成长的最好途径。

人生最值得期待的，就是这些在焦虑之下直面自我的瞬间。

当我们离开这个世界的时候，我们带着我们刚来的时候“没有的东西”，这些东西包括你体验到的爱和记忆等这些珍贵的情感，更包括你在这段旅程当中经过世事磨砺的一颗更加精纯、信息密度更高的灵魂。

荣格把人们逐渐活出更高内在自我的过程叫作灵魂的炼金术，像孙悟空在炼丹炉里经历的烈火，没有经过世事的千锤百炼，我们不会对自我的拼图如此笃定，最后带着一颗相对完整的灵魂跟这个世界说再见。

你可以将这本书看作一个个鲜活的人在人生困局里如何突出重围的故事。婚姻、工作、爱情、亲情，当你用旁观者的视角去审视他人的时候，也是在与我们自己内心的焦虑对话，觉察自我心智系统的运作模式。

这本书的故事和思考承载着我 30 多年来对生命、对世界赤诚的感情，但愿这些故事、这些思考能够让你在人生的焦灼中感到一丝清凉的慰藉……

目录

焦虑是爱的头号杀手

焦虑是爱的头号杀手，幸运的是，爱也是焦虑的头号杀手。焦虑是一种疾病，把我们束缚在自己的噩梦里。爱是向外的作用力，是我们挣脱恐惧的通道。

——[美]阿内丝·尼恩

松子出生在一个五口之家，她有一个因病常年卧床的妹妹、一个弟弟，以及爸爸妈妈。爸爸活在对生病妹妹的心疼和自责里，又或许因为不富裕的生存压力，所以很难展露笑脸，更加关注不到幼小的松子。经常，爸爸下班回来，带回来漂亮的礼物，松子都以为是送给她的，然而爸爸却径直走进了妹妹的房间，松子在家里成了爸爸“看不见的人”，她的心情在愤怒、忍耐、鼓起希望、再度失望中摇摆不定。

如果总是得不到爱，小孩子就会丧失自我价值感。对松子来说，从此以后她的全部注意力都放在了“我要得到爱”这件事上。她的自我从此和有没有爱密切相关，“别人爱我，我就有价值；别人不爱我，我就没有价值”。

比起得到了爱却身体残疾的妹妹，松子得到的爱是匮乏的，她完全没有自我价值感——可以说她在心灵上是残疾的。这给松子的一生带来了令人感慨的连锁反应。

首先是她的工作。有人被偷钱了，作为老师，她认为自己出丑没关系，只要大家高兴。她采用了息事宁人的方式，帮别人顶替偷钱的罪名，最后被学校辞退。没有了正式工作之后，她艰难求生，也求爱，用讨好和无底线付出的方式在一个个男人身边流转，“一个人的时候也是地狱，既然这样，两个人在一起就算是地狱，我也去”。她做过失足妇女、理发师，杀过人，坐过牢，做过情人，还自杀过……不管她做什么，最后全都惨遭男人抛弃。

最后，松子终于累了，她在一个破旧的公寓里孤独地生活，再也不与人交往，一次，她被一群熊孩子打死在一片荒地上，草草结束了她悲惨的一生……

人生的第一个处境：活在天生的限制里

每次松子受到了命运的沉重打击，她又会重新寻找生活目标，寻找另一份可能的爱，试图让自己站起来。哪怕最后她又老又瘸，被孩子们用球棒锤到地上，她在内心还是希望能够站起来。她试着挣扎，但最终没有站起来，可以说，一直到生命的最后一刻，她都没有放弃对爱的渴望。

可以说松子尽管心灵有巨大的匮乏感，却仍然一直在挣扎求生，目光“向上”渴望着爱的救赎。

在这一点上，影片用大量欢快的音乐去铺陈，每当松子走进一段感情，她充满希望地认为“这次真的找到了爱的归宿”，画面呈现出鲜花盛开的场景和昂扬的基调。

与“希望”相对，影片又充满了“向下”的压抑。松子的遭遇简直是低到尘埃里。她的生命随时在崩溃，求而不得，又一次次从头再来。

影片用“向上”的对爱的仰望，来衬托低到尘埃里的人充满限制的生命。这种仰望和限制同在的生命之痛，可能是每个人存在的基本境遇。

《旧约·创世记》的开篇就是亚当和夏娃失去了乐园，这就是一个典型的“向下”的坠落。从此以后，人们心心念念向往的是回归乐园。

而向下的“坠落”，也是远古神话一个经典的原始意象。当时天地混沌，本是一个巨蛋。然后，巨蛋被天神劈开，沉重的下沉，落到地面，成了世间，轻的上升成为天空。从此人们就只能生活在“沉重”之中。

回到每个人的生命中，也有一个从“圆满”到“分化”的成长历程。婴儿时期，人是混沌未开、和万物（妈妈）连为一体的天然状态，然后到了一两岁，意识开始分化，有了自我意识，这个时候就有了自我和环境的对立，有了“我是谁”的追问。人生的旅程是从跟大自然一体的圆满天性的脱离开始的，同时，这也是一个从“圆满”到“分化”的下沉过程。

每个人的内在都体验过本质上的完整，那是和妈妈、和天地万物浑然一体的圆满联结感，或许我们一生都在追求重回这种状态，我们因而对爱的渴望与生俱来。每个人都有内在的光明属性，就好像每个人都无条件地相信未来会比现在好，都在无意识地追寻着爱。

影片中，当然最典型的是松子，但其实所有人都在自己的限制中。无论是背负着内疚、一辈子不苟言笑的爸爸，还是黑社会小弟或者色情片女主的好朋友，以及监狱众生……其实都在一个底层的、不圆满的生命里轮回。

有一幕，是所有这些人好像一下子脱离了各自的生活角色，一起唱着一首通往天国的歌。每个人的背景都是阴暗的，有潮湿的牢房、阴暗的街道、无聊的职场，还有荒诞的夜总会……所有人都在仰望天空，唱着松子之歌，这是她从小唱到大的一首歌：

“伸出手臂，伸向天空，紧紧搂住那颗小星星。”

“渴望被紧紧搂住”，就像妈妈拥抱着自己一样，这是每个人内心的一个梦。

影片用这样的上帝视角来抚慰每个人的心灵，每个带着残缺挣扎求生的人。而每个人都是残缺不全的，一边仰望，一边深陷。

人生的第二个处境：内在流浪者的英雄之旅

松子的爸爸非常严肃，不苟言笑。有一次，也是唯一的一次，爸爸带她去游乐园。小丑的鬼脸逗笑了全场，爸爸仍然一脸严肃，松子朝着爸爸模仿了这个鬼脸，发现脸上有一点抽搐，严肃的爸爸第一次咧嘴笑了，这让松子得到了鼓舞，从此她就不时地做鬼脸逗爸爸笑。

鬼脸最后还形成了她的一种强迫性动作，每当事情的发展严重到不可挽回的地步时，她就不自觉地做这个鬼脸。在松子快要遭到学校辞退、被训斥的时候，这个鬼脸又跑出来了。像行为艺术一样，她用强迫性的逗乐来应对绝望，而且是以一种失真、夸张、卑微到底的方式，仿佛在说“我怎么丑都可以，只要你笑”。

这个笑脸就是松子内心卑微的象征。她像一个心里流着泪，脸上还画着夸张笑脸的小丑，因为痛苦的张力，这个鬼脸看起来真的很诡异。

从自体心理学的观点来看，松子是一个没有稳固自我感的人，她从小没有体验过被爱的感觉，所以不能在心中建立牢固的“我值得存在”的印象，所以她的自我好像寄生在别人身上，必须找到寄主收留她，她才能感受到自己。

从精神分析来看，这也是一种强迫性的重复，她不由自主地重复着自己的命运，她要逗笑别人，才能证明自己的存在，就像和爸爸的关系那样，她必须牺牲自己才能换来一个笑脸。她的命运，可能早就在那个鬼脸里做了一个荒诞辛酸的预言。

哪怕最终打碎了自己，也要得到爱，这是一种疯狂，同时，从另一个角度看，这也是一种勇敢。她一次次被这种重复的悲哀击倒，但她还是再次选择走进去，因为她的内心深处渴望着“完整”，这也是她心中的深层精神动力。

人走过漫漫的一生，有一个基本的使命，就是要面对自己的限制。

就像无数神话里的孤胆英雄，通常他都是一个孤儿或者流浪儿，他被设定要去寻找自己的父母或者拯救家园（隐喻要找到自己的完整），要完成使命，就必须独自上路，路上有恶魔等着他，为他设置重重障碍，故事的最后总是他克服困难，让家园“失而复得”（隐喻“重回乐园”）。

每个人正是这样面对自己的限制，走上内在的成长之路，这时候，“限制”是动力，无数次的强迫性重复让你在相同的情境中寻找自我拯救的道路。直到有一天，你打破了不断出现的恶魔，救赎了自己。

可以说，在每个人的生活中，一条隐线是内在精神之旅，限制一直都在，表现在生活遭遇上就是永无止境的重复。除非内在的自我能够“克服困难”，我们才能重新找回自己的完整。从受困到克服，带来精神的升华感，这是我们内在的“上升”过程，与我们“坠落”的基本处境完全相对。

人生的第三个处境：永恒的孤独

当年松子当老师时，她替一个偷钱的男生顶包，从而丢掉了工作。多年后再相遇，这个男生已经成了一个黑社会混混。

他向松子表白，说自己一直爱着松子。听到有人说爱自己，出于对爱的渴望，松子放弃了原本稳定的职业，和他同居，还帮他贩毒。后来混混进了监狱，松子发誓要等他出狱。而与此同时，男生在监狱里想：他两次毁掉了松子的生活，他有什么脸面再跟她在一起？他发誓出狱后一定要远离松子。

出狱之前，影片用了一组平行蒙太奇来展示两个人的内心独白。

男生说："我能为松子做的只有一件事，就是再也不要和松子见面了。"

松子说："为了阿龙，我要做的只有一件事，等着他。"

到了男生出狱的那天，松子打扮得漂漂亮亮的，满怀希望地前来接他，男生看到松子之后却发了疯一样，一拳打倒了她，然后转身仓皇逃走，再也没有回来，她又一次陷入被抛弃的孤独。

松子总是在关系中演绎着自己的戏码，又被现实沉重地打击。实质上，松子从头到尾都是一个人生活的，谁又能够帮她？爱情到最后都被证明是昙花一现的幻觉。

类似的场景还有很多，比如松子和同居作家的对手——另一个作家在一起后，一开始生活得很幸福，她又一次以为自己找到了真爱。此时，她自己的小家到处都开满了鲜花，她走在路上、做家务时都在唱着幸福的歌，道路两旁开满鲜花，仿佛她是偶像剧的女主角，童话里的公主终于实现了爱情梦想。直到这个有家室的男人再一次抛弃她，一切鲜花都退去了，她又被打入冰冷的现实中。

又比如她出狱后，在浪漫的樱花背景中，看到理发师有了家室，几年来的憧憬又破碎了。

是谁把她关在孤独里？

一个人的渴望。

她的缺爱焦虑，让她的眼睛里只有被爱的两极——有爱和无爱，除了两极的极端感受，她破碎的自我无法撑起稳定的情绪，只有在外界带来的风雨飘摇中体验极度不稳定的情感。

这种强烈又孤独的内在感受是一种囚禁，更像是一种濒死体验，可以说，松子一直体验着悬崖上生存的悲哀，因为她从未得到过真正的内在的回应！

每个受苦的人都是囚犯，就像因抑郁症而长年失眠的人，他面对漫漫长夜的孤独，你是无从体会的。他的人生可能也只有能睡着和不能睡着的日子之分，没有人真的可以回应他。

精神上的痛苦必然伴随孤独感，可能每个身受限制的人都体会过这种孤独。正因为如此，当你了解了一个人的限制，也就能理解他的孤独。

就算看起来是“罪魁祸首”的爸爸，他一辈子背负着对卧病在床的小女儿的歉疚之心，又带着对松子的牵挂和遗憾走完一生，他该为松子一生的悲剧负责吗？却又说不上。

用自己肉身的这种限制，去碰撞他人肉身的另一种限制，然后感受坠落和希望的缠绕，度过艰难的一生，谁不是这样呢？怪罪是简单的，而理解是一种更为复杂的感受。

“为什么是我，为什么会发生这一切？”没有原因，只因为你是一个人，你碰到了另一个痛苦的人。

影片中那句“生而为人，我很抱歉”，无数的人在引用，它击中了我们卑微又暗藏着希望的挣扎的生存。不单单是缺爱的人，每一个被抑郁、焦虑、孤独、无趣的人生所困惑的人，都能从这部影片中找到共鸣。

影片的最后，航拍的镜头从松子住的公寓门口的小河，一直扫过松子离家出走的大堤坝，回溯到故乡的那条河，就好像回顾着松子的一生，她做着鬼脸、她离家出走、她一次次鼓起希望、最后累倒在地……她鼓起热情奋力奔跑着、短暂又受限的一生，让人感慨。而此刻同样的生命能量，正如河水奔腾一样，也流淌在每个人的内心，松子，不也是每个卑微又渴望绽放的我们自己吗？

童年缺爱的孩子，长大后如何找到幸福

世上还有比童年更重要的东西。说不定我在老年时——这是艰辛生活的结果——会迎来更多的童年幸福，并且我有力量承受这种幸福，而一个真正的儿童则缺少这种承受力。

——[奥]卡夫卡《一条狗的研究》

《与玛格丽特共度的午后》是一部充满温情的法国影片，只有短短的七十几分钟，它缓缓、暖暖的节奏，就像它的名字一样，如一块午后甜点，在平淡温馨中带给人幸福的休憩，不知不觉中又留下耐人寻味的思考……

查尔曼：我到底是谁

主人公查尔曼是一个普通而平凡的蓝领工人，他身材臃肿，

不识字，打着各种零工、做着体力活儿，看起来有点蠢蠢笨笨的样子。

查尔曼就住在妈妈花园里的房车里，以便照顾妈妈。他的生活简单乏味，不是在附近的小酒馆和一群同样不着调的朋友胡言乱语，就是自己在家里刻木头小鸟，或者在花园里照顾他的花花草草。

查尔曼虽然平凡，但他热心帮助朋友。酒吧侍女失恋了，别人都冷嘲热讽，只有拙嘴笨舌的查尔曼去安慰她。

这就是查尔曼最初给人的印象——一个善良而简单的人，但随着影片的展开，查尔曼复杂的内心世界也随即展开：

查尔曼是个私生子。他的妈妈年轻时在一次舞会上与陌生人发生性关系，生下了查尔曼，所以他至今不知道自己的爸爸是谁。

他对不存在的父亲怀着莫名的“仇恨”：“我只知道他是个笨蛋，再没有其他印象，因为他从来没存在过。我没有一个榜样可以参照，什么都要靠自己来探索。”

他和母亲的关系则是复杂的“爱恨交加”：因为有个私生子，妈妈没有嫁给任何人，她把生活的一切不顺心都算在查尔曼的头上，查尔曼成了她的出气筒。

他的童年充满了离弃和蔑视，即使已经50岁，查尔曼的脑海中仍然不断有创伤性记忆的“闪回”：

因为不会回答问题而被老师叫作“傻子”，在班上被老师嘲笑；在超市里失手打翻一盒牛奶，被妈妈当众骂成怪物；一言不合就被妈妈的男朋友毫不客气地打耳光；当他说自己的理想是当一名彩绘玻璃师，妈妈轻蔑地说：“那算什么工作！”

这些过往影响着他的自我评价和情绪。他一直被自己存在的意义所困扰。

他有一个奇异的举动，无论公园管理人员如何制止，他都会一次又一次地、顽强地、工工整整地在烈士纪念碑的石碑上写下自己的名字，被擦掉后，他就再写……

此刻，他生活中唯一的亮色就是有一个无条件爱他的女友。虽然这是一双紧紧抱着他的手，让他不至于想自杀，但女友给他的安慰却不足以疗愈他内心的伤痛，他依然在自己的世界和生活轨道里默默自卑着，品尝着毫无存在感的苦楚。

遇见玛格丽特

午后休息的时候，查尔曼经常来到公园的长椅上坐着吃三明治。他认识了公园里的每一只鸽子，并且给它们都取了名字。

他在公园的长椅上遇到了一位老奶奶，一个 90 岁的孤寡老人，叫玛格丽特，就住在附近的养老院里。

热爱读书的老人开始挑一些自己喜欢的书的一些片段，读给不识字的查尔曼听。听着听着，查尔曼心中敏感和沉睡的情感世界被唤醒了。

这是一扇通往自由世界的窗口。除了朗读，玛格丽特还和他谈论母爱，鼓励他学习查字典，开始阅读……她平等、谦和、有哲理的话语，不知不觉中滋润着他那颗干涸已久的心。

他渐渐迈向了新的世界，小酒馆的朋友们发现查尔曼开始说一些他们听不懂的词语，还爱上了看书。就在玛格丽特即将失明的时候，查尔曼开始成为朗读者，为玛格丽特朗读……

一个一直生活在匮乏之中、缺乏意义感的人，忽然找到了更好的自己，他给予，他学知识、被尊重，这是多么有价值的人生。

后来，玛格丽特因为经济原因住到了一家条件不佳的养老院，查尔曼得知后千里迢迢地找到她，把她接回自己的家里一起生活。

这也意味着他精神上的母亲已经重生，回到了他母爱缺位已久的内心。

关系：一切的美好如何回到我内心

这是一个有关疗愈的故事——画面中，矮矮瘦瘦的玛格丽特与高高胖胖的查尔曼像一对奇妙的母子组合，在平凡的邂逅中，这原本碎片式的悲剧人生奇妙地走向了美丽的整合。

玛格丽特早年是一名科研工作者，一个跟随世界卫生组织实践博爱精神的人，她的身上荡漾着一种生命平等主义的气质，她把这种待人方式和生活态度毫无保留地展现在查尔曼的面前。

她的鼓励温暖而具体，她对一字不识的查尔曼说：

“你是个非常好的读者，阅读同时也是倾听。只要认真听读，就会产生阅读的需要。”

“查尔曼，你真让我惊讶，你的听觉记忆太厉害了。”

她豁达而幽默，这种精神力量让查尔曼感到陌生而震撼：

“衰老，尤其对他人是一种负担，不过，岁数大的好处在于，即使烦恼也持续不了太多日子了。”

“亲爱的查尔曼，我再也不能数鸽子了，我的视力正在死亡（手术也没用），我不能给死亡动手术啊。”

她在文字和书中好奇的探索也引起了他的兴趣：

“我这把年纪了，已经不能再旅游，拥有字典，我们就可以在字里行间遨游。在错综复杂中迷失，可以停止，可以做梦，您喜欢这样的探索吗？’

她充满了疗愈性：

在和查尔曼一起读到罗曼加里的自传《黎明的承诺》时，作者一段关于母子关系的描述击中了查尔曼，不知为什么这段话在他脑海中不断盘旋——

“从一出生，生命就许下各种无法兑现的承诺。再有其他女人伸出双手把你紧紧抱进怀里，这不过是慰问而已，我们总会回到母亲的坟前，像条被遗弃的狗一样哀号。”

玛格丽特敏感地问道：“你和母亲的关系怎么样，她对你好吗？”查尔曼说：“我对她来说什么都不是。”

玛格丽特说：“您说的一切真可怕，漠不关心是最糟糕的了，尤其作为母亲。但如果一个人童年时没有得到足够的爱，一切都还在等着被他发现，不是吗？”

说这句话的时候，她是如此充满理解、关怀和支持。

在和查尔曼共读时，玛格丽特从来没有给他压力，甚至在他自我放弃的时候，玛格丽特也不作任何评判，而是不断导引他内在的兴趣。

寻爱的人，可以怎样发现自己

我们都知道一个简单的道理——“每个人都有自己的价值”，但这不过是一句正确的话，这个自我价值感最终要给我们的是一种内在的信心，一个觉得生活本来就很美好的情绪“背景”。

心理学有个概念叫“镜映”（Mirroring），说的是父母是孩子心理上的第一面镜子，孩子一开始不知道自己是谁，靠着父母对他的反应和评价，从中建立起自我形象和自我观念。

如果孩子感到被母亲理解，或者感到自己的感受存在于母亲的感受里，你痛她也痛，你悲伤她也悲伤，你就能确信自己和母亲是相连的。

当孩子这样确信时，孩子就会向前一步，对这个世界充满信心，相信自己是值得被爱的。如果母亲无法与孩子共情，或者总是体验着自己的焦虑痛苦，孩子就会把母亲的焦虑和痛苦当成自己的错误，容易形成负面的自我形象。

养育孩子，就是父母通过自己这面镜子，让孩子无数次地照出自己，知道自己是谁。孩子通常就把镜子中的形象当成自己，长大之后，孩子会用这个自我意象去建立自己的人生。

查尔曼没有爸爸，妈妈又嫌弃他、鄙视他、不理他，他就找不到存在感，觉得自己是“不值得被爱的”。

所以，为了保护自己免受伤害，他会回避真诚、亲密的关系，小心地把自我藏起来，变得很自卑。

当女友说生个孩子吧，他说：“我一无是处，我拿什么给孩子？”他拒绝让关系更进一步，回避亲密，无意识中一直回应着镜子中的那个自己，告诉自己：“我不是一个有价值的人。”

要跳出这个固有的自我意象，需要在精神上冒险，与真实的人，而不是想象中的“坏父母”互动，允许自己矫正性地体验到不一样的人际关系，这种固化的模式才有可能会松动。

查尔曼的“精神冒险”是从他遇到玛格丽特开始的，玛格丽特和风细雨的温暖使他体验到了“我是有价值的”这个存在事实。这不是一句话，而是一种情绪体验，她的鼓励、她的引导、他在阅读中体会到的与世界相连的感觉，都在召唤他一步步疗愈自己。

“成长是一辈子的”，儿时缺爱，并不意味着长大以后就会终身精神残疾，不断痛苦。

即使在成年之后，我们的自我意象还有不断修正的机会，因为我们还会根据他人对我们的反应而不断调整、内化自己的形象。

一方面我们可以在良好的关系中，借助他人的眼睛不断内化一个理想化的自我；同时，也可以不断发展更好的自我功能，做自己的镜子，去修正与内在父母的关系。

这个过程有时也类似于咨询师跟来访者建立一种安全的亲密关系。很多时候，在一个充满支持的环境里，不断走出内心固守的“安全区”，就意味着我们以前的自我意象的粉碎，新的信心在建立。

影片给我们指出了自我疗愈的两个方向：

第一，走出匮乏，主动创造。

怎么可能向老去的父母讨回未曾得到的爱？那是另一种“固着”。一个独立的成年人应该致力于使自己的人生建立起爱的正循环。

在跟玛格丽特的互动中，查尔曼意识到自己的作用，因而想要为失明的玛格丽特朗读，“她那么喜欢读书，那像她的呼吸，失明了怎么办”。他放下自己的挫败感去学习阅读，在给予中，他感到了自己真正的内在价值，他也可以成为一个更好的人。

第二，精神世界的构建，带来对缺失的升华。

任何人的存在本身是有限的，有时候遗憾是永远的，童年缺爱的人终其一生都无法弥补。与其纠结于缺失，不如尝试去理解。理解父母，理解过去，对缺失的理解扩大着我们的灵魂，制造着新的生存空间。

玛格丽特什么也没说，但她引导查尔曼去阅读，让他从更大的精神世界中理解自己。

查尔曼在为玛格丽特朗读《大海的孩子》：“那孩子以为自己是世界上唯一的小女孩，她总是在死亡的边缘活着，在沼泽般的孤寂中被剥夺了生命。”他反复读着这句话，读得我眼泪都流出来了，他同时体会到这句话是在说他自己，也想到了玛格丽特孤独而衰老的身影。在对自身的理解和对他人苦难的共情中，查尔曼不再孤独，他升华了苦难，与世界连为一体，不再是一个人承受着啃噬内心的阴影。

那是玛格丽特在书里找到的深远的空间，理解、承担，这里有更深远的人性，也有最永恒的自由。

如果你也是寻爱的人

影片的最后，查尔曼把玛格丽特从养老院接回自己的家，他们的车在公路上飞驰，他在画外音里说：

这不是一场平凡的相遇，除了爱与温情，没有其他的形容词，她以花为名（指玛格丽特的名字是雏菊的意思），活在文字中，在缠绕的形容词中，在草长莺飞的动词中，有些人以刚挣脱，她却以柔胜出，穿透我身，直至我心……关于爱的故事里，并不只有爱情，有时候甚至没有一句“我爱你”，然而我们相亲相爱。

是的，在爱的故事里，并不只有爱情，而是很多种类的相亲相爱，可以是一个人与自己的关系，也可以是与一部电影、一本书的关系。它们都带来你对世界的信心，只要不断与爱相遇，你就一定会发现一个更好的自己。

在孤独中长大的孩子，如何爱这个世界

在别人眼里我是什么样的人。我是一个没有身份的人，一个怪异的存在，一个不合群的人——一个在社会里没有地位，比最卑微者更卑微的存在。好吧。假设一切便是如此罢了。但通过我的画作，我要人们看见我这样一个卑微的肉体里尚住着一个灵魂。这是我的渴望。它不因愤恨而起，而是因为我爱着，无条件地爱；因为一种隐忍而非激情。

——凡·高书信 1882 年 7 月 21 日

天才的际遇：心藏瑰宝，潦倒一生

艺术家好像总是喜欢纠结自己的生活问题，我有个朋友就是这样。

想到父母老之将至，卧病在床，自己陷入困窘，被家里亲

戚鄙视，他就受不了。别人可能会说他是一个没用的儿子，没有钱拿什么来安顿父母的晚年，这种做不了孝子的恐惧，会在深夜突袭他。而每次看着熟睡在身边的孩子，他也矛盾，以我现在没有钱的状况，他的未来会好吗？我没有为孩子拼搏，我是一个合格的爸爸吗？

“可问题是你会赚钱吗？”我问。

“不会。除了画画，什么都不会。”他答道。

“那不就结了。”我安慰他，“这也算天命的一种吧，你的命运或许就是要享受艺术的乐趣，然而作为代价，你也要直面生活中自己的无力，这就是搭配好了的‘套餐’。你不能这么鸡贼只选一个吧。”

这么冷酷地“安慰”他的同时，我也知道，人要面对自己的困窘，也不是一件容易的事，因为你总会不甘心，想要逃避自己的无力感。你心里有个理想的自己，是既在世俗里游刃有余，又在艺术的世界里自由游走。要放弃那个美丽的“妄想”并不容易。

可是，想想那些天天应酬喝酒、拼着小命的商业淘金者，你应该心平气和一点。当他们在削尖脑袋奔赴战场时，你却既要享受灵魂的自由又要腰缠万贯。

除了含着金汤匙出生，此生谁又能既灵魂自由，又财务自由？我只想说，“心藏瑰宝，潦倒一生”更像是对有才华的人的“诅咒”。

看电影《至爱凡·高》，这种感觉尤其明显：他一生恨自己没办法当一个好员工、好儿子，但他让世世代代的人，在他身上感受到生命的热情，借助它灵魂的暗夜瞥到了人类永恒的价值。他将自己献祭给了选中他的才华本身，度过了潦倒的一生。这是集体的荣幸，对他本人却又是那么残酷。

这么看来，当一个平庸的人真该窃喜，平凡而庸俗的快乐是我能想到最便宜实惠的快乐——如果可以选的话。但问题是，当不当天才由得你选择吗？

我们通常说一个人有才华，其实不是，他是被才华所拥有。

天才们怀抱着才华，就像怀抱着一座火山，不寻找渠道发泄出来，就会爆发，而那才华的威力常常太大，天才成了被炸毁的倒霉蛋。凡·高算是其中一个。

哪有绝对的才华，只有虚无的痛苦

然而，艺术家自己又怎么能确定自己有绝对的才华？他只能选择相信。这不是一个自信和自卑的问题，只是一个人在虚无和存在之间无奈的选择。如果他只能这么活着，他就只能选择相信自己是有才华的。并且，就算这么选择，他仍然时时怀疑，时时虚无。

从某种程度上说，把一生奉献给才华，也就是选择了奉献给无尽的持续的内心矛盾。

凡·高画画的时候，无尽痴迷、才华飞扬，然而他在八年里画了800多幅画，只卖出去一幅，长期穷困潦倒，需要兄弟接济生活。

这很搞笑，当他决定勇敢地去探索自己内心的时候，发现才华就像一个传说，若有似无。他能如何相信自己有才华？他一次次被虚无打倒在地，直到再也爬不起来。

才华是如何被认证的？答案是没有人认证！凡·高终其一生，只能选择相信看不见也无法确认的东西，多么像邪教。

另外，有才华就一定会成功吗？不是。才华有时候是“反人性”的。

这个人本来应该是没心没肺的孩子，在大街上玩乐；可就是因为他被才华击中，从小就有了格外敏锐的感受，别人眼里沙子大小的痛苦，在他心里却是巨大的石头；别人眼中只是普通光线的照射，在他眼中却是宇宙射线和耀眼的神谕……你说怎么办？他不能和别的孩子一起玩，只能囚禁在自己的感受里。能说不要这些感觉吗？这是他自己无法剥夺的一部分，这只能是他一个人的“秘密”。在被别人骂“怪胎”的时候，他只能转身离开。

对有才华的人来说，命运像是被诅咒过，他要远离人群。

与天才相反，庸众的角色可悲又可怜。他们身在苦中不知苦，只是一味将自己的痛苦投射给别人，特别是和他们“不一样”的人。他们谩骂、驱逐、孤立着和他们不一样的人，享用着“压迫少数”的正义合理性，仅仅因为“你凭什么不一样”？他们的潜台词是：“你能特立独行，为何我们却不能？”

而天才死后，人们却因为他的特立独行、遗世独立，又转而崇拜他，这时候人们又把自己对独特性的渴望投射给了天才，“他可以做自己，我也想做自己”。自始至终，天才都不过是人们意淫的对象。他承担着人类的苦和乐，奉献着自己的肉身和才华，成为真正的受难者。

不要对一个天才说“功夫不负有心人”。他从来没有想要坚持，他只是别无他法，只能如此。

但天才至少有无可争议的最好死法：他的艺术被大家所理解，它们记录了他的人生，无数年后甚至他的感受又一次活过来，活在了无数人的身体里，他的作品就是传递的介质，这种幸福不是平凡人可以得到的，这是另一种“不朽”。

只是，盛名又岂能“补偿”那曾经吞没了他全部生命的痛苦？

谁是真正的凡·高

这个为人类艺术奉献生命的人，却没有人真正了解他。

电影《至爱凡·高》中，借助邮差儿子的视角，我们跟随他一路寻访凡·高生前最后两年接触的每个人，每个人都从自己的角度回忆凡·高：旅馆的女儿说凡·高很奇怪，下雨了，别人都在躲雨，他还在外面画画；恋爱过的女孩说我们家跟他的死无关；小镇里的人说他呆闷；船夫说他安静而寂寞……每个人都从自己的角度了解另一个人，那是他们的眼光、情感，也带着衡量利害关系后的自我保护。这些记忆的碎片就像盲人摸象，而不是凡·高本人。

真实的他已经随风而去。在别人眼中，他是一些碎片，是一个无法还原的世界，就连全面了解都不可能，说什么理解凡·高呢?

凡·高的死因众说纷纭，有说是自杀，也有说是他杀，更有人说他的死因是弟弟生了孩子之后，他实在不忍心拖垮弟弟的生活而选择了自杀。多年来，凡·高的死因也成了我们的"谜"。

从无人了解的意义上，他又真的"死"去了。

因为当我们把凡·高的名字符号化，也就无人可以理解他了。偶像离理解最远。如果你要"杀死"一个天才，那就将他符号化，将他推上神坛。

这就是凡·高在这个世间的全部遭遇：年少缺爱，青年无所成，被家庭看不起，28 岁才拿起画笔，要靠弟弟生活；被小镇的人排挤，他们签名驱逐他这个怪人；长期被混混欺负和恶作剧，身无分文，居无定所，没有爱情，没有家庭……他有的只是画，他看到过最美的麦田和星空，却看不到人间的善意，他一直坚持到 37 岁，终于郁郁自杀。

这是一个无足轻重的流浪汉的故事，但因为他是凡·高，这些故事成了天才的华丽布景。

有时候，我们需要神灵崇拜，但更多的时候，我们想知道有人和我们一样有血有肉，他却为了内心的选择而走得更远。只有把天才还原成一个人的喜怒哀乐，我们才能理解他的选择。

凡·高的胜利

清华大学副教授刘瑜写到自己对爱的理解是人道主义的："当一个人爱上另一个人，这份爱是在表达这个人靠近真善美的决心。"我在想，人们最终决定爱凡·高，是因为我们内心深处还有一个慈爱温暖的太阳。

当别人问《月亮与六便士》里的画家："难道你连爱情都不需要吗？"他说："爱情只会干扰我画画。"

当人们都在忙着"拥有"，一个天才要学会的是"失去"，抛弃世俗的身份，专注于自己的精神感受。

哪个天才不需要蜕掉一层世俗的皮？因为唯有失去是通向

自由之路。

至爱凡·高，你可知我现在有点懂了，你对世界的渴望和你的痛苦。

这个世界配不上你眼中燃烧的激情和纯真，所以你只好让这激情灼伤了自己。

你离开了众声喧哗，无论如何，你勇敢地走向了那条人迹罕至的路，你不但画了，也真的成了那个追逐太阳的人。

青春期的躁动与成长

青春期存在许多危险，但它并不能真正改变一个人的性格，只是让潜隐之物显露出来：以前生活方式中未能发现的错误，在这一时期露头，其实这些错误早已存在，只是在更大的压力下，它们开始浮出水面、展现狰狞。

——[奥]阿尔弗雷德·阿德勒

小镇姑娘的理想

这是一个青春期的成长故事。

克里斯汀是一个高中少女，她在加州萨克拉门托的一个教会学校读书。教会学校有按部就班的学习标准，更有繁文缛节的各种仪式，完全“关不住”克里斯汀蠢蠢欲动的青春热情。

当克里斯汀的“自我”苏醒在这个刻板的学校、无趣的小镇环境里，她成了一个生活的“反叛者”。不管是家庭、学业，还是爱情，她都渴望着“超越”目前的状态，换句话说，此刻的她与周围的一切“格格不入”。

按照正常的路径，高中毕业后，以她这样的家境，选择读州立大学是最可能、最现实的路径，而她认为考上纽约的大学，最终离开这里的一切才真正够酷；想要远走高飞的梦想萦绕在她的心中，也加速了她想逃离周围一切的迫切情绪。为了宣示自己的某种决心，她给自己取了一个新名字，叫“lady bird”，直接翻译就是“鸟小姐”。看到这个名字，她就仿佛感到心中有一只自由自在、无拘无束、可以随时飞离的小鸟。

她要求身边所有人都抛弃她的旧名字，叫她的新名字。不论何时，每次别人叫错了，她都一本正经地纠正别人，她叫“lady bird”（“伯德小姐”），即使是在和妈妈吵架的愤怒时刻，或者去舞台上面试角色的紧张时刻，她都没有忘记纠正别人：“我叫lady bird！”这是她为自己穿上的一件闪闪发亮的“外衣”，好像在说“我要成为我自己”——这个名字就像她的自我宣言一样，被她以蛮力的方式安置进了生活中。

理想自我的庞大映射出的是青春期最灿烂的梦想。如果说父母给的名字代表着“你从哪里来”，那么“lady bird”代表着她对未来的看法。

克里斯汀心中有一个世界，那个世界跟“lady bird”的名字相匹配：

她希望自己住在有游泳池和漂亮草坪的大房子里，不惜虚荣地撒谎住在漂亮的别墅里；

她希望自己的家庭更加显赫有身份，因而对同学隐瞒父亲的身份，从来只让父亲把他送到校门口之外的地方，自己下车走最后一段路；

她希望自己将来能够去最大的城市，上最好的大学，于是当闺密说只想上一所州立大学的时候，她表示了强烈的不理解，因而友谊也有了隔阂；

她希望自己和异性的第一次亲密接触浪漫、完美得像电影一样，所以一定要找一个也是第一次的男生上床，结果却发现自己受骗了，心情沮丧至极；

…… ……

青春期带来个人理想主义的庞大膨胀，让执着于"理想自我"的克里斯汀生活在青春期的幻想里——即使她的幻想伤害着别人。这个小镇姑娘依然渴望着超越现实。

这和所有人的青春一样，急于登上人生的舞台，想要对世界展示自己的独特性，看父母也会在心里问："他们为什么可以忍受这么无趣的人生？"看周围的邻居也会在心里质疑："这个小城市有救吗？他们为什么这么沉闷无趣？"于是她心里生出要离开这一切的愿望。

克里斯汀的故事可以说就是从这里开始的，从我们不满周围的一切开始，从我们对自己的期待开始。整部影片就是她不断用理想自我和现实碰撞，最后找到和解的故事——这也正是我们的青春之路、成熟之路。

青春的成长为什么很痛苦

克里斯汀的理想自我正在对现实的平庸发起猛烈的攻击，这也让她的生活实际上在夹缝中被挤压变形。

影片集中表现了她的母女矛盾。这条线选得非常细腻和感人。通常在青春期，女儿和母亲的关系正是充满矛盾的。

如果说儿童期的女儿都在模仿自己的母亲，那么到了青春期，女儿却是从“否定”母亲的过程中感知自我、建立自我的。可以说，母亲实际上是女儿长大过程中的一根“心理拐杖”，这就让她们之间的关系又亲密又矛盾。

克里斯汀的妈妈是一间精神病院的医务工作者。两年前，爸爸就得了抑郁症，一直在吃抗抑郁的药，妈妈选择对孩子们隐瞒了这件事。她为了照顾家庭，几乎是一人在支撑，她在医院同时要完成两个轮班，还要照顾家里的五口人。

影片中，有一次克里斯汀只是多用了一条浴巾，妈妈就激动地说道：“你知道吗，因为浴巾要干需要时间，可能我洗澡的时候用不上，所以我要改变我的行程。”

可想而知，妈妈的生活压力有多大、紧张到什么程度。所以她展现出来的都是唠叨、强势、紧张，她对孩子的爱和温柔只能藏在强硬的外壳里。

一次，克里斯汀闹着要去纽约上大学，妈妈断然否决，真实的理由是家里根本没有那么多钱，支持不了；但这个强势的妈妈的言语表达却是："你就是这么一个普通的女孩，不要心那么高了，你有那么聪明吗？你不配！"这样的沟通方式进一步打击了敏感的青春期女孩克里斯汀，恶化了母女关系。

母女最激烈的冲突是一次争吵中，妈妈气急之下说："你知道你长这么大花了我多少钱吗？"

克里斯汀当即找出本子和笔要妈妈写："你说一个数字，告诉我是多少，我给你写欠条，我以后会还给你！"

这简直有点像哪吒削肉还母剔骨还父的行为，可见克里斯汀和母亲的关系一度到了无法沟通的地步。

当妈妈带她去买毕业晚会的礼服时，她们又发生了一次重要的对话。

当时克里斯汀穿着一件很好看的衣服从试衣间出来，结果妈妈还是不咸不淡地说："一般吧。"

她就勃然大怒："为什么你从来不认为我好？"

妈妈没想到她会这么说，一时语塞，随后喃喃地说："我只是希望你变得越来越好。"

克里斯汀悲伤地问道："那如果这已经是我最好的版本了呢？你还喜欢我吗？"

母女俩都没有再说话，双方不欢而散。

妈妈不是没有问题，就像我们现实中的女强人，因为必须铜墙铁壁般地去面对生活，久而久之失去了自己的柔软，在面对情感的时候稍显笨拙。她不是不爱，而是不会表达爱。

这在影片的最后一幕体现得尤为明显。

克里斯汀终于考上了纽约的大学，她拿着两个大箱子，去了飞机场，只有爸爸开车送她。临走时，她问妈妈："你不上来吗？"妈妈站在车窗那里，一贯平静理智地说："反正我又不能送你到登机口。"双方就这么平淡地告别了，并不是克里斯汀想象中的母女告别难舍难分的场景。

然而，就在克里斯汀的汽车开走以后，她哭着一路开车追到机场，后悔莫及，想要送女儿走出家门。然而晚了，赶到机场的时候，正好遇到了从机场送完女儿走出来的爸爸，她扑到爸爸怀里失声痛哭起来。

在异乡的大学宿舍里，克里斯汀展开了爸爸悄悄放进她箱子里的一沓纸，这是妈妈在女儿出门前几天晚上偷偷试着写的信。每一张她都不满意，因为她不是怕女儿嘲笑她的字迹不好看，就是怕哪句话写出来显得又脆弱又煽情，女儿会笑话她，于是最后每一张纸都被她揉成一团，扔进了垃圾箱，一张都不打算交给女儿。如果不是爸爸偷偷从垃圾堆里捡回这些纸，克里斯汀永远不知道妈妈深藏心里的温柔的爱。在妈妈揉皱了的信纸上，克里斯汀第一次连接上了妈妈爱自己的心。

她这才明白，无论争吵是否表达了爱意，母亲都是在以自己的方式支持着她“长大”。此时，克里斯汀与母亲的关系有了从否定再到认同的过程。

可见，女儿只有长到足够大，大到能够走出自己的理想世界、能够理解大人的世界时，才能一步步地接近母亲，才是对青春期的彻底完成。这是一个彼此心意的“回归”过程。这部电影也正好以克里斯汀的成长为契机呈现了母女之间的这个和解过程。

回过头来你可以看到，青春期的我们一直处在和父母的矛盾关系中。一方面由于还延续着小时候对父母的“依赖”，情感和父母未曾分化，还是一体的，所以特别在意父母对我们的看法；另一方面，内心深处又渴望变得和父母彻底不一样，渴望能够超越他们，所以特别喜欢否定他们。两者结合起来看，我们会觉得父母不爱我们，我们也“看不起父母”，因而带来巨大的失望和愤怒，体会到理想主义的一种压抑。

就像伯德小姐一样，心中的小鸟已经飞起来了，脚下却是这平凡的生活，她如何能够忍受？

成长如何发生

克里斯汀的成长是如何发生的呢?

随着电影情节的推进，克里斯汀发现了这个家庭的秘密，爸爸患抑郁症两年了，作为女儿，她一点都不知道，没想到平时爸爸总是在家里扮演善解人意的角色，而他自己才是最需要别人关怀的人。这个突然的领悟让她自责地认识到“我竟然不了解爸爸”。

妈妈也告诉她，其实爸爸早就知道女儿嫌弃他，每次克里斯汀要他把车停在离校门口很远的地方，她借口说想走走，爸爸都知道那是克里斯汀介意自己的家庭阶层。

不久前，她甚至还在不断给爸爸施加压力，让他给她办贷款去上纽约大学，爸爸也是毫不犹豫地答应下来……

克里斯汀发现自己并没有自己想象中的那么“好”。从这里开始，克里斯汀的理想自我慢慢被现实撞开了一个口子。

慢慢地，她也发现世界比她所理解的更为复杂。一次，克里斯汀交了男友，她的初夜以仓皇的谎言告终，她因为失望而痛哭，正好碰到了开车来接她的妈妈。妈妈没有责备她，而是张开双臂安慰她。她一头扑进了妈妈的怀抱。这是一种本能，在外面受到伤害，她还是渴望从妈妈那里得到安慰。她对自己的举动和与妈妈的关系有了新发现，原来在她对妈妈的感情里，一直有一种深刻的依恋，并不像她所理解的那样只有互相伤害。

接下来，“新的世界”仍旧在不断向她敞开。一次，她的嫂子评价克里斯汀说：‘你妈妈很包容，我父母因为我的婚前性行为而崩溃之后，她接纳了我，我很钦佩她。”

随着成长的历程，她眼中的很多事情正在改变原来的样子，包括爱情、友情，等等。

生活没有跟你讲道理，它只是不断用你没发现过的事实撞击着你对它的认识，以“启发”你的心智，带你成长。

克里斯汀膨胀的青春理想主义（或者说庞大的自恋体），逐渐被加入了更多对他人真实的“看见”，新的信息带来新的生命认知，让她自己的情感逐渐变得通透，直到在接纳和改变之间找到了一个平衡点。

最后，在纽约的他乡，克里斯汀淡定地告诉陌生人自己叫“克里斯汀，来自一个小镇”，她还主动走进教堂做了礼拜，并且打通家里的电话跟妈妈说了那句“我爱你”。一切显示了“回归”，向家庭，向讨厌的教会学校，向自己的名字！

这可能就是青春，每个人都自命不凡，但其实对不凡的追求也是很平凡的。我们走得很远，其实也只是回来而已，回来承认自己是谁，接纳自己只是当年那个小镇姑娘，然后才有新的力量去打开新的生命。

那些被卡在青春期的人

这部电影讲述了人的成长过程，即人如何接纳自己的局限，在局限中把自我整合进更大的生命框架。

从这个定义上来说，青春并不是一个时段，而应该是一次整合自己的心理任务。

青春期会在每个人身上留下烙印。有的人没有疯狂过就老了，所以一辈子都在叛逆；有的人则是没有独立过，把过度依赖一直带到自己的婚姻中；有的人一辈子都在怨恨原生家庭，无法回归对父母的爱。

很多人都生活在过去未完成的情结中，一辈子没有飞出来。

现实中的伯德小姐没有和妈妈和解，也依然在怨恨教会学校的压抑，可能也会质疑自己的同学为什么能留在小镇一辈子生儿育女，会埋怨爸爸毫无建树，让自己出身底层……

而伯德小姐还是幸运的，她飞走了，又飞了回来。

而很多人仍然在找寻回归的路、和解的路。

旁观克里斯汀的生活，就像回顾我们的青春期，检视我们的成长过程和此刻的遗留问题。

不是所有人能都在青春里走向情感的“回归”和平静。对很多人来说，可能终其一生都在寻找青春期寻找的东西。

你的青春期过得怎么样？是否依然有青春期的“残骸”在午夜梦回时惊扰你的内心？

你有多久没有和家人一起吃饭

心理学研究发现，长期和家人一起吃饭的青少年染上烟瘾、酗酒或吸毒的概率更低，而且这些孩子在学校的表现也更好，他们很少有抑郁症状、自杀倾向。

——[美]玛拉·艾森伯格

一桌家宴，吃的不是菜，而是感情

这是一场普通的家宴：

每周日的下午，家里的三个女儿固定回家吃饭。这天从一早开始，爸爸就开始忙碌，买菜，备菜——水缸里养着两条比手臂还长的大鱼，随手捞起一条只需要用两根筷子轻轻插入嘴中，用掌力往里一敲，直捣大鱼腹部，瞬间毙命，手法娴熟，再切出均匀的小格花纹，用面粉往里一拍，丢入滚烫的油锅，炸成金黄色起锅，淋上鲜亮的酸甜酱；冬瓜盅，已经布满了精美的雕花，再从炉子上盛出已经煨了整整一天的海鲜参鸡汤；做丸子的肉选自上好的五花肉，要仔细摔打，直到Q弹细滑，再配上香菇油菜摆出花朵的形状，淋上高汤勾芡；临吃饭再包上几屉无锡的灌汤包作为主食，放上炉子，等菜吃得差不多了，正好上桌……

等到数十个比脸还大的盘子装着堪比五星级酒店的名菜摆满整整一桌时，晚饭时分才到。三个女儿先后回来入座，爸爸也入座，大手一挥："吃吧。"三个女儿这才拿起筷子——四个人静静地吃起饭来。

没有先抑后扬—— 一顿忙活后，一家人其乐融融。饭桌上的气氛冷淡克制，这个豪华的家宴最终呈现出来的是静悄悄的氛围，此刻，桌子上的花哨菜式比他们的情感倒要喧闹许多……

这是李安1994年拍的电影《饮食男女》的开场。

作为李安"父亲三部曲"之一，这部电影讲述的是父女关系，也是一个中国家庭的情感故事。

古人说，饮食男女，人之大欲存焉。当《舌尖上的中国》用饮食勾连起国人的家国情感和文化认同时，你便知道饮食再也不是一件小事，而是一件有关爱和关系本质的事。

影片中，父亲通过操持固定的家宴，完美表达了中国亲情的含义——一桌豪华大宴，满满的爱，却又无声无息，父女之间欲言又止，最后以父亲一句简单的"吃吧"打破沉默，也宣告了新的沉默，吃饭既是画地为牢，也成了一种逃跑般的解脱……

为什么你家的饭桌是隐忍的

之所以说中国人的饭桌是隐忍的，是因为他们吃得越隆重，活得越压抑。

这家的妈妈早逝，一个男人独自带大三个女儿，并且没有再娶，谁都知道这是多么不容易。每到周日，三个女儿无论有什么重要的事情都要推掉，她们知道，这一天必须回家陪爸爸吃顿饭！而做了一辈子厨师的爸爸，在退休后，把周日看成每周最隆重的一天，这一天他会拿出所有的厨艺绝活儿来筹备这顿家宴。那是女儿成年后，不善言辞的他表达爱的唯一方式了。

这里勾勒出了一个典型的中国父亲的形象，一切为了抚养儿女，生活艰辛，隐忍负重，在儿女成年后陷入落寞，又用食物来等待儿女回归。很多人都有这样既奉献又沉默的父亲。他是家里的“秩序”“权威”，你对他又怕又敬又疏远，但又感情深厚。他对你的奉献和爱深埋心底，你对他的感恩也深埋心底，双方都在心里形成了默契，找到一个双方都认可的仪式，用饭桌“寄情”的方式来完成我们内心的情感。

当然，寄情的方式可以有很多种。我有个朋友，他至今保持着每个月回家陪父亲钓一天鱼的习惯，钓鱼并不是他所爱，只为了让老爷子高兴。这是一种孝敬的方式，两个人默默无语、枯坐一天，完成了“交流”。

这种仪式虽然算是一种“表达”,可到了真正有话说的时候，又很难打破这个习惯性的沉默的硬壳。

影片中的家宴豪华炫技，却掩盖不了父女之间的隔阂，甚至女儿之间的隔阂。虽然每周都见面，但是每个人都有很多没有说出口的话。

二女儿家倩从小聪明伶俐喜欢下厨，然而父亲不想让女儿一辈子闻油烟味，所以把她赶出厨房，送她去念书。家里虽然有个特大的厨房，工具齐全，但那是老爷子的专属、家倩的禁区。偶尔二女儿想要下厨，也没她的份儿，她只能跑到情人家里去过厨房瘾。也因为这样，家倩一直和爸爸不够亲近，爸爸的专制和权威让她在这个家里感觉很不自由，因而她最大的梦想就是自己买房子搬出去住，逃离这个家庭。

大女儿家珍三十多岁了一直单身，表面看来是一段大学期间臆想出来的暗恋情伤阻挡了她对爱情的向往，实质上是自己心里的创伤造成的。因为妈妈去世后，她作为长女自动担当起了家庭女主人的责任，照顾妹妹们。她一直以为自己是不能走出这个家庭的，如果她出嫁，谁来陪伴爸爸呢？爸爸老了怎么办呢？她把自己锁在这个女主人的角色里，却又偷偷嫉妒着妹妹能够买房子搬出去住，自卑于妹妹有更多的选择，在嫉恨和自卑里延续着自己的生活。

小女儿家宁相对轻松，然而她的活泼聪慧也和家里的氛围格格不入。由于一个偶然的机缘，她和闺密的男友走到了一起。在又一次沉默祥和的家宴上，她突兀地宣布自己怀孕了，成为第一个离巢的人。她的离巢是一个标志，儿女长大了，父亲的权威地位、家里的秩序慢慢要发生“改变”了。所有的“秘密”，所有的情感，都应该找到自己的出口。

突破禁区的真实

爸爸的老同事段叔叔忽然生病，二女儿家倩去看他。从小看着她长大的段叔叔说：“你爸爸啊，有一肚子的话要说，每天憋啊，憋啊，我总是劝他，再不说就来不及了。”几天后，爸爸的这个好友忽然就去世了，在情感上给爸爸带来了很大的冲击。

表面上爸爸依然沉默，只是在筹备家宴杀鱼的时候，拿着两根筷子再也下不去手往鱼肚子里戳，爸爸不觉停下了手。

对爸爸来说，家宴的意义不再仅仅是见女儿了——他有话要说。然而，他却只能欲言又止。技巧高超的李安导演把这个“彩蛋”留到了影片的最后才揭晓，爸爸一直隐藏的秘密是他和女儿同学的姐姐偷偷恋爱了。这个对象叫锦荣，三十多岁，离过婚，带着一个小女孩姗姗，两家经常来往，互相熟识。可能是爸爸同情她一个人带小孩，把她当女儿照顾，渐渐有了感情，反正最后爸爸决定和锦荣在一起了。可这件有点乱伦意味、充满性禁忌的事，他要怎么说出口？

可能是因为好友生前问过爸爸：“时间太快了，这世间啊，好的滋味你尝过吗，好的女人你遇到过吗？”又可能是好友的去世给了他沉重的生命领悟。在生命末年，爸爸终于鼓起勇气，在一次家宴上默默喝了十几杯酒后，站起来发表了一通演说，最后他对梁伯母说：“对不起，我会尽力照顾锦荣母女的。”

所有人都惊呆了，梁伯母当场晕倒，全家乱作一团，家宴再也不祥和了——“真实”一旦冒出头来，就成了杀伤力巨大的东西，摧毁了一桌子默契的沉默！

这个家庭隐藏的“秘密”，只能以鱼死网破的形式被揭发。反观我们的生活，都是这样吧，人们蜷缩在父亲、儿女的角色背后，维持着文化赋予家庭的“秩序”，却以巨大的情感张力为代价……能够说出真话，而不打破努力维持的祥和，拥有这样的“收容”“接纳”情感空间的家庭有几个？

在权力和情感之间，选择和解

影片中,李安一开始就为这位父亲设置了一个隐喻——“失去味觉”。一个厨师失去味觉，既表示他年纪大了，已经不能依赖他过去依赖的东西来判断人生，意味着“改变”；又表示他情感通路的堵塞，他失去了情感的真实。

影片最后一幕，是爸爸和锦荣找到了一间新的公寓搬出去了，大女儿和小女儿都结婚离家了，二女儿家倩买下了这座老宅，真正独享了爸爸的超大厨房，从此家宴由她张罗，这意味着一直不肯让家倩进厨房的爸爸，交出了他在家庭里的权力，这个家庭完成了情感的权力更迭。当爸爸从秩序的“神坛”上下来，把接力棒交给女儿，奇怪的事情发生了，爸爸的“味觉”恢复了，他接过女儿递过来的汤说：“女儿，我又尝到了味道……”

在这里全片完。影片用一个“味觉”恢复的方式，隐喻了家庭情感系统的感知恢复，其实也就是每个人都恢复到了自己本来的位置上，走出了所谓家庭的情感结构的限制。大女儿打破了“我是妈妈”的魔咒，做了自己；二女儿也打破了父亲的禁区，与父亲和解，接管了家庭的权力；而父亲也自我袒露，在儿女面前承认了自己的情感，不再困在身为父亲的角色里……

如果家庭是一个系统的话，那么围绕着家庭有两个建构方式：一种是在文化隐含意义下的某种“秩序”下，围绕着文化赋予的理想父母和理想儿女建立，但它是僵化固定的，也是以人的停滞和缩小为代价的；一种是在一定的默契和规则下，不断在形成自己的动态平衡关系，家庭成员被允许成为每个阶段的不同自己。在儿女幼小时，儿女被庇护；在儿女长大时，父母引导儿女；在儿女离开家庭的时候，父母逐渐形成伙伴的关系，真诚以待。爱能够随着时间和彼此的需要而流动，就能最大限度地满足家庭成员的情感需要。

在后一种情况里，显然每个人对自己的欲望，也就是真实那一面的接纳度是不一样的，情感质量是不一样的，而家庭系统也不是一成不变的。人生要往前走，就是不断邂逅彼此的真实，接纳我们的欲望、情感，如此，我们才能在心理意义上成为一家人。

在前一种僵化的家庭结构里，影片中的爸爸看起来是家庭的秩序、权威，实际上也成了权力的囚徒，他过多地担负责任，置自己于不顾，哪怕暮年时想要拼命抓住一点点快乐，都像要背叛家庭一样充满羞耻感。而一旦他选择释放超我的那部分自己，女儿也被释放了，她们能充分长大，成为自己。

也许你也面对着很多的家庭问题，不婚、丁克、大龄单身……让我们检视一下，在这些面对家人说不出口的个人选择里，有多少情感的接纳没有完成。在多少人的心目中，家就等于过年的一桌宴席。吃是一种热闹，也成了一种荒凉，多少说不出来的话化为乌有。想到这里，我为中国丰富灿烂的饮食文化的骄傲里也多了一层复杂，内在的沉默和饮食的喧嚣形成鲜明的对比，里面又藏着我们多少对自我真实欲望的背离啊。

寒门子弟的焦虑与诱惑

如果你认同“物质富裕是件好事”的观点，那应该也会认同在所有有关个人运气的因素中，最重要的一个是出生在高度发达的国家。无论你多么才华横溢、雄心勃勃，在世上最贫穷国家获得物质上成功的可能性都很小。

——[美]罗伯特·弗兰克《成功与运气》

看一群孩子作弊，看到心脏病要犯了。

电影《天才枪手》讲的是出身寒门的天才少年（琳和班克），收了富家子弟的钱，进行了一场大型跨国作弊的故事。

除了代入感极强的叙事和剪辑，这部影片中最有意思的是，它提出了一个问题：出身寒门的天才少年，该如何进行人生抉择？

你并不需要真的加入过一个作弊团伙，就能体会到寒门子弟在富人堆里的那种骄傲和绝望：

她那么聪明那么努力，以为自己一定能得到自己想要的，能掌控自己的命运。

她质疑父辈“毫无追求”的生活，上班下班，看上去一点梦想也没有，相信自己生来不一样，要打破父辈的生活模式。

然而，当她看到别人不需要努力就站在高处、轻松地享受生活时，她选择孤注一掷。当她差点无法脱身时，才发现自己的年少意气是多么幼稚。富家子弟可以在学校里夜夜笙歌，喝酒、谈恋爱，考试不是由老师透题，就是购买天才同学的“知识服务”，一切都轻轻松松。

寒门子弟却要在没钱出国留学让家庭脱贫的困境中，接受富家子弟的“橄榄枝”，违背自己的道德原则，用作弊来赌上自己的明天。

一开始你会问“凭什么”，后来你越来越发现，连气愤的声音都会被时代宏大的背景声所吞没。你也终于开始理解父辈为何接受了这样的现实……

在影片的最后，班克得到了钱，帮助家庭脱离贫困，但却因为作弊被抓的记录，永远无法出国留学；而琳则在同伴被抓之后，被内心的道德感煎熬，最后选择了坦白作弊的事实。

世界上最难的事可能是当一个出身贫寒的聪明孩子。贫穷和富有对人生起到了怎样的作用？

富家子弟的穷“朋友”

影片中，很有趣的对比是“富人家的笨孩子”和“穷人家的聪明孩子”。

第一次，富家公子小巴对琳提出为富家子弟群体提供作弊服务时，他说：“你知道，我们朋友虽然多，但是特别需要你这样的朋友。”

他加重了“特别”两个字。

自古以来，知识是二层建筑，总需要附着在具体的产品链条上，换取自己的价值。

所以好像有才华的人与产业链顶端的富人就一直存在一种奇怪别扭，但事实又是“包养”的关系。

其实，他们都“特别”需要对方这样的朋友。

我的一个心理咨询师朋友，曾经她身边就有这么一个富家子弟的女性朋友，那个富家女孩空虚无聊的时候，特别喜欢找我那个朋友聊天，有一段时间简直把她当成自己的“精神拐杖”。

那个富家女孩也对她说过一样的话：“我特别需要你这样的朋友。”她甚至对我那个朋友暗示过：“你不用上班，只要每天跟我在一起做女伴就好了。”

“只是，要是真的当了女伴，我可能会废掉吧。”我那个咨询师朋友说。

这样的富家子弟招人讨厌吗？有一点。

他们有一种我想买就一定能买到的自负，缺乏对人的尊重。

影片中，小巴有一种说法："这不是'双赢'吗？你拿到了你缺少的钱，我也得到我想要的东西。"

但这真的是"双赢"吗？

他们不知道，这种"我肯定买得到你""我钱多，我愿意和你分享，我为你好"的做派，一样是伤人自尊的。

富人家的"笨孩子"有一种被"宠坏了"的自负和简单，金钱让他们误解了友谊的含义。他们和贫穷的天才同伴之间在情感层面并没有共鸣和相通，因为处境完全不一样。

这可能就是金钱所造成的阶层鸿沟。

而对聪明的寒门子弟来说，富人家的"穷朋友"实在难当。他们一边自卑，一边自负，一边屈从于不堪的现实，这种分裂就快要把自己逼疯。

所以，"跨阶层"的简单粗暴的"友谊"，始于富家子弟，而终将刺激两位出身贫寒的天才少年，让他们走进了充满挣扎的"致富"之路。琳最终要的不是钱，而是平等的权利。

穷爸爸的“罪与罚”

在影片里，琳的爸爸代表了一种“原罪”，具有重要的象征意义。

琳的爸爸是个穷老师，但是希望孩子有美好的明天，“倾家荡产”也要让她去富家子弟才上得起的学校。

然而，去是去了，女儿却不快乐。她在另一个阶层的世界里受到的价值观冲击太大，一度失衡到铤而走险。

得知女儿靠作弊赚钱时，爸爸气得发抖，他认为这是欺骗，说自己没有教育好女儿。而女儿却认为自己是在改变命运。

在这一刻，父亲的价值观和女儿的价值观起了严重的冲突。

琳没有听父亲的，反而做起了更大的作弊产业，在精神上“背叛”了父亲，因为她渴望靠自己的力量打破父亲平庸命运的魔咒。

她的一意孤行，正是无意识对父亲的强力挣脱。

她对父亲的认同走过了一段艰难的心路历程。

从悉尼生死时速的作弊战场回来，在机场，琳疲惫不堪。她被父亲温暖的问候击溃：“你的男朋友呢，什么时候带他回来吃晚饭？“（琳去悉尼考试的时候，她的朋友情急之下骗她父亲，她和男朋友去悉尼玩去了。）

琳最终靠在父亲的肩头大哭，不由自主地说："对不起，我做了一件错事。"

此时凭借高智商誓要拥有世界、突破命运的琳，感到说不出的挫败。——此去悉尼，世界给她上了一课，世界比她想象的复杂，她一无所获，差点自身难保。

而父亲温柔的抚慰在召唤、拓展着她对生命的认知：

人生只有赢吗？自由是什么？机会是什么？

也是从这一刻起，她转向了对抗的反面，从迷失渐渐走向了真正的觉醒。

影片最后，当班克邀请她再去做作弊的生意时，她拒绝了。恼羞成怒的班克威胁她："我要将你在悉尼所做的一切告诉你父亲，让他对你失望。"

而她，不为所动。

下一幕是她父亲微笑着对她说："无论如何，爸爸永远支持你。"

在爸爸的鼓励下，她勇敢地向考试主办方说出了自己作弊的经过。

"父亲"的形象代表着无条件的爱。这种爱超越了一个具体的父亲，而是指一种"接纳""积极关注"的力量。

一个出身贫寒的聪明孩子拿什么化解孤独和愤怒，维持内心的正义和良知？

爱。

如果没有人坚定地在社会的残酷之外，引领他们向善，很多孩子可能会像班克那样，滑向人性的堕落，对人不再抱有希望和信任。

这种滑落存在于社会的无数层面，因为金钱规则将对人产生强烈的“异化”倾向，只有人的温暖情感才能反向平衡。

如果没有的话，很多孩子可能凭借高智商取得成功，但最终很难有内心的幸福安宁可言。因为除了更大的利益之外，他不相信有什么可以依靠的东西，他将一辈子孤独而愤怒地活在这个世界上——而那才是一个天才最大的失败。

寒门子弟应该如何掌控自己的命运？

今天，成为“人上人”是一个无处不在的教育魔咒。

家长有意无意都在给孩子传递这个潜意识的期待——这是一种巨大的爱，也是一种不经反思的局限传导。

因为在一个“金钱”社会里，“人上人”最直观的显现就意味着成为“有钱人”。但这对寒门子弟来说，就意味着出生即失败。

他们可能从一开始心理上就带着贫穷的原罪。而出身贫寒的聪明孩子，这方面的心理落差则更大：

一方面，“才华”让他们产生了错觉，他会以为自己生来就优越，跟别人不一样；另一方面，“金钱”又具有累积性，它有自己的流向，并不会轻易突破一个范围。

于是，在残酷的现实面前，天才的孩子们必将充满挫败感，唯一的道路可能是用天才来换金钱。

然而，即使让他们的天才成为金钱的工具，从中分得了巨大的价值，用它可以突破命运，我们却忽视了，成为工具的过程极有可能也是一个备受“侮辱”、被狭隘化的过程。

不是错在你不该努力改变自己的命运，而是因为这种努力带有限定性，它被一种狭隘的人生观绑定，它叫“匮乏感”。

是的，“匮乏感”，可能是出身贫寒的聪明孩子一辈子要面对的课题。

这种匮乏感，来自你从社会和周围人的眼光里感知到的自己的“不足”。

在成长过程中，你可能憋着一口气，想要翻越某个阶层，成为身边谁谁谁那样的人。然而，当你缺少的，你想要的，你反抗的，你破釜沉舟想要战胜的……都是它时，在这个单一的“评价体系”里，你何来自由？就算你在这个体系里成功攀爬到顶端，你依然是一个囚徒。

当你真正看破周围的游戏规则的局限性，从中醒来，重回内心价值，才能真正掌握自己的命运。

而想要拿回你的力量感，就先要和自己所在的阶层和解，在象征层面，就是与内在的父亲和解。因为父性的力量是我们的生命之源，在爱的源泉与无条件的支持中，我们才可以自由做选择。

正是受到了父亲的影响，琳最后的理想是成为一个教育家，她想研究教育——也许她最后想要寻找的是人的永恒价值，而非金钱价值。毕竟，人自己的生命本身，应该比一个社会的“强弱对比”大得多。

这里要特别说明的是，寒门子弟并不是唯一的受害者，金钱法则下的教育没有赢家。

难道小巴这类富家子弟不是人生观狭隘化的人吗？琳最后对小巴和格雷斯说：“我可以跟你们去美国，可是到了美国的大学里，可不都是选择题哦。”

说的就是，你们总有一天会发现，不能一辈子靠钱“买”东西，总有东西是钱买不到的。

人生都有代价。富家子弟轻松地应有尽有，仿佛可以买自己想要的任何东西，前途、命运……但是他们买不到人生丰富的体验。只是天真的少年，还在庆祝人生的玫瑰色，对于将以什么代价去做命运的交易并不太明白。

什么是不变的人生问题

亚马逊公司的创始人贝佐斯曾经说过这样一段话：

“我经常被问一个问题，在接下来的十年里会有什么样的变化？但我很少被问到，在接下来的十年里什么是不变的？”

我认为第二个问题比第一个问题更重要，因为你需要将你的战略建立在不变的事物上。

什么是不变的人生问题？

是人通过百转千回的人生选择，把聪明锤炼成智慧，才能自由丰盛，不负此生。

无论对寒门子弟，还是对富家子弟，都是一样。

不要总是问错问题，这个世界上永不失落的价值是人本身而已！

“乖孩子”永远快乐不起来

仔细想想，我好像弄清楚了自己喜欢什么类型的孩子。我并不是很喜欢那种所谓的“乖孩子”。反倒是说不上是坏孩子，但也不会讨好大人的孩子更让我感兴趣。至少，我觉得那些总想让大人们称赞自己是乖孩子的小孩很没劲。

——[日]关野吉晴《伟大的旅行·采风篇》

开朗又温顺的“乖孩子”好让人心疼啊

综艺节目《我家那小子》是一档亲情观察类真人秀，节目组跟拍几个单身的男明星的真实生活。拍完后，让他们的妈妈坐在演播室里看录像，观察她们所不了解的成年后的儿子。

参加节目的钱枫、武艺、徐海乔、朱雨辰，都是他们的妈妈来到演播室，只有陈学冬，坐在演播室的是他的大姨，因为他从小父母离异，是跟着大姨长大的。

这样的成长经历最终也呈现在他的生活状态中，他成了其中最让人心疼的男明星。

某期节目中，陈学冬过生日，朋友特意来给他庆贺生日，他们点了很多新的外卖。要吃的时候，陈学冬打开冰箱，让朋友惊呆了，里面都是累积了好多天的各种外卖盒子。而他说要“加菜”，顺手就拿出几盒过期外卖吃，朋友惊呼不可思议：“海鲜隔夜了还能吃吗？”“你不要这么随意对自己好不好。”他却说：“没事，我经常这样。”还劝朋友吃，朋友都被他吓到了，生日祝福都改成了：“哥，你要对自己好点。”

陈学冬对自己“不好”，还体现在其他三个显著的方面：一是凑合着生活；二是不要命地工作；三是让自己更好，永远在准备未来的挑战。

凑合着生活，这个真的没谁了。节目拍到他最常用的充饥方式，就是在路边便利店随便买个面包一瓶水。这种被一般人当作应急的措施，是他生活的常态。每次他啃面包，演播室里的主持人和妈妈们都在叫：“怎么又吃面包啊，太不健康了。”大姨心疼地解释说：“他从小就这样，那时候家里大人工作忙，也没人管，他就习惯了买个面包和水凑合一顿，这已经成了习惯。”

他的生活凑合也完全跟不要命的工作状态相关。一次，他头痛欲裂，然而那天已经有安排好的工作。他强撑着，没人知道他不舒服，结果工作一结束，他就在路边狂吐，也没有去医院，身边的人也都见怪不怪。由此，他的身体状况很不好，节目的第一期他就去找中医刮痧针灸，医生的刮痧板刚刮一两下，就出来紫红色的瘀血，满背都是，触目惊心。

而他最大的爱好是什么？是买睡眠高科技产品，因为拍戏经常熬夜，作息不规律，他睡得也不好。从声音的催眠产品到App，他了如指掌，一条帮助睡眠的毯子他到处推荐给睡不着的朋友，“我都买了好多条送人了”，俨然是一个睡眠专家。

在如此凑合的生活中，他连轴转地工作，而就算是休闲时间，他也要用来“挑战”。陈学冬最大的爱好是各种高空挑战。他有恐高症，偏偏就选择高空项目。首先是学开直升机，然后是刻意去挑战悬崖秋千和镂空的玻璃栈道。

一次放假，陈学冬从悬崖上挑战过后对自己很满意，说：“当演员就是要不断挑战自己，因为如果角色需要吊威亚飞到高空的时候，你恐高，那台词都说不出来了，怎么演？所以我现在要准备好，克服自己的恐高，不要错过好的角色。”

弹幕里粉丝说，冬冬好敬业啊，什么时候都想到好的角色。

大姨也说，冬冬非常好学，一直都在学各种东西，为未来的各种情况做准备，总觉得自己要更好一点才可以。

虽然都是夸奖，但是怎么听上去却心酸啊，你可以说这是“上进”，也可以说这其实是“强迫”，因为同样是努力，有的人可能并不为了快乐，只为了让未来更有安全感。

与对自己的“苛刻”相对的，是陈学冬对别人无微不至的照顾：

出道至今，陈学冬给家里所有人都买了房子，但没有给自己买；

老同学住在他家，他起个大早做出了像五星级酒店一样的豪华早餐（看来不是不会做，只是不给自己做）；

之前参加节目，他收了一个干儿子。当小朋友来访，尽管自己头痛欲裂，他极其耐心地给他洗澡、做饭、陪睡觉，真的是无微不至。助理就在旁边，他没有说一句要帮忙，给孩子所有的爱，看起来能让他更为满足。

这样的陈学冬真的太“完美”了，让合作伙伴放心，让朋友温暖，也让家人骄傲。然而一次，陈学冬和老师聚会，喝酒之后，他抱着他们哭了：“我真的好累！好孤独！”这一刻，在两个信任的长辈面前，他才好像有了一次情绪的释放，他哭得像个“孩子”。

演播室里的大姨也哭了，她说：“冬冬从小就被寄养到这个家、那个家，他觉得自己随时会被抛弃，所以从小就很能照顾人，他觉得好像为你们做好一切，我就不会被抛弃了一样……”

看电视的我不得不说，此时此刻，“很会照顾人”很让人压抑。

为了得到爱，你在“扮演”谁

当然，不管怎样，孩子总会长大，寄养、放养、圈养……但是年龄“长大了”不意味着“胜利”，因为那些经历过的事并没有远去。每个人看起来都“完好无缺”，有工作、有朋友、有家人……但是心里的伤痕怎么看得到？

对有的人来说，因为早年的生存状况，即使现在生活平稳，但他也感觉充满危机，因为他对世界的基本感受跟我们不一样。就像陈学冬一样，无论是他玩命地工作、在生活中忽略自己，还是无所不用其极地为未来做准备，都是早年生存状况的延续。他看起来已经安全了，然而内心却一直在“生存线”上挣扎，因而无法摆脱又累又孤独的早年情景。他的懂事、周到都是生存的武装，为了获得爱，他付出了巨大的代价。

我的一个闺密也是一个被早年的不安紧紧抓住的人。她们家在她 5 岁时有了弟弟，在重男轻女的环境里长大，她变成了一个懂事、特别热心帮忙的“乖孩子”。因为小小的她发现，弟弟出生后，无论她怎么发脾气，都只会引来爸爸妈妈的烦躁和远离，唯有她变得懂事和帮忙，爸爸妈妈才会对她表示认可。

人类的行为动机由两个要素组成：目的和信念。对我的闺密来说，她潜意识里相信了这样的目的和信念组合——“如果想要获得认同，就必须让自己能够帮得上忙”。这也成了她日后人生的处世方式。

20 岁的时候她谈恋爱，每次遇到不快，就算有意见，她也不敢抱怨，不敢说出自己的意见，因为怕男友烦躁和远离，就像父母一样；她努力让自己帮得上忙，每天都做饭，甚至帮男友干加班的活儿……她在恋爱中延续了和父母相处的模式。然而，她对男友的“纵容”却没能换来爱，反而导致男友的轻视，她很少能感到对方对她同等的付出。我常听她说：“我还好。”但却看到她为这句“还好”付出了很大的“代价”。

马斯洛说，如果要孩子在“让自己开心”和“得到他人认可”之中选一个，通常孩子会选择“得到他人认可”。因为如果一个环境总让孩子不安，他会扼杀自身的情感去满足别人。对幼小的孩子来说，世界上最可怕的莫过于失去周遭人的认可。

像陈学冬、我的闺密这样小时候满怀生存恐慌的人，他们会记得自己拼尽全力“扮演”别人喜欢的孩子时得到的温暖，然后会为了这点温暖，习惯性地重复，还会在今后的生活中“拼尽全力”：

对别人好，为别人做很多事，注意力永远不会放在对自己好上面，因为危险没有解除；

尽量让自己有价值，对别人来说更有用，所以很苛刻地规定自己，优秀不是“更好”，是“不优秀不行”，怕被“嫌弃”；

会喜欢和他人比较，总是留意别人的评价，怕自己太好，惹人不高兴，也怕自己太坏，被抛弃；

不重视自己的感受，害怕和别人起冲突，在人际关系中委屈自己，换来和平；

…… ……

这样的人活着的状态就是总在“修补”，好像破了的盒子，总有个角在提醒自己要补上，不然会崩溃。悲剧就在于，你越努力，就越是在对自己说“我好怕”……

懂事的孩子被置于不可能快乐的境地

早年经历不是孩子能选择的，而更像是一种“遭遇”，不幸被写成了你的一种内心模式。这会带来两个直接的结果：

第一，真实的自己被否定了。

存在主义心理学家罗洛·梅说：“当我们为了得到他人赞赏而采取行动，这时行动本身会让人赤裸裸地回想自己的懦弱，以及自己缺乏价值的不堪。对人类来说，这种态度是最残酷的屈辱，会导致一个人胆小怕事。”

人本主义心理学家马斯洛也说，人一旦犯下违逆本性的罪，几乎无一例外地会在潜意识中涌出蔑视自己的念头。

一言以蔽之，讨好别人，只能说明真实的自己无法得到任何人的喜爱，因此开始伪装自己，最终完全忘记自己的模样。

在我的心理班上，有一个学员说自己像“吸血鬼”一样，靠获得别人的“好评”为生。她很嫌弃自己却又无法停止。她认为自己同时怀着虚荣心以及不健康的自恋。一遇到一点麻烦，她就容易感到特别痛苦，认为活着很难忍受，因为在遇到挫折之前，她的内心已经对自己很不满意了。

陈学冬在老师面前的痛哭也是这种压力的宣泄：一方面他无法停止努力，这是强迫性的，出于安全感的需要，这给他很大压力；另一方面，这些努力好像又在榨干他，无法让他真正快乐。生活中，他对自己完全没有照顾，就好像在说“我不存在”一样，同时他又拼命让自己更优秀。失去自己的人，如何让自己对生活满意呢？这本来就是一个悖论。

第二，封闭自己，相信没有人真的值得依赖。

其实每个人都在取悦别人。一般人的取悦是社交性的技巧，我们在同理别人的感受，也让自己相对舒服。而处于匮乏状态的人，取悦别人是没有底线的，他们会习惯性地忽略自己的感受。

一个把上司看成权威的下属，永远无法跟上司交心，他一直在讨好，在这个关系里，他不允许自己去察觉自己的真实情绪，也不允许上司发现自己的真面貌。在这种情况下，他选择让自己活在一个封闭的状态中，他不揭穿上司的不合理要求，必须出演一个好下属，把自己放在想象中的安全位置。然而，每次扮演好下属，他就对自己说："我懦弱无力，我孤立无援，别人是不可靠的，我只能靠自己。"

不少抑郁症患者幼年都是乖孩子，活在一个自我封闭的系统里，他们对自己说："你不值得被看见。"一方面，他们没有被看见的经历，于是也失去了对人的信心和依赖，从幼年起就把依赖当成坏事，或许早就放弃依赖他人了；另一方面，或者是曾经想依赖，但是内心深处无法信任他人，对他人有不知所起的敌意……可以说，从小就对依赖死了心，他会让所有人依赖他，他自己却坚决不依赖别人。

…… ……

"开朗又温顺的乖孩子，其实带着精神性的死亡展开了人生。"这句话触目惊心。

由于文化或社会结构的原因，中国社会盛产各种懂事人格，这些孩子从小即使没有被抛弃的经历，也无一例外被教育系统或长辈鼓励"乖""听话"，这种压抑是以牺牲自我的完整性为代价的。往往我们长到了三四十岁还在问自己，为什么我得到了他们要求我得到的一切，却还是没等到幸福快乐到来？

如果你也是这样一个人：渴望爱，却又对真正的依赖绝望；如此孤独，却又在人际中自我隔绝、难以表达自己；不自觉地在行为上懂事，却在内心对礼貌周到厌烦透顶……我想，你一定也在寻找与自我和谐相处的方式，这种方式可以有极度投入工作和挑战的热情，同时又充满了宽容和成长的期待，而不再是永无休止的抗争和自我牺牲的悲壮。

没有人会在“持续背叛自己”的情况下，依然真心热爱生活，要从内在开始打破“乖”的魔咒，相信很多人都有自己的路要走……

梦想与亲情之间，我们该如何抉择

人不可能把工作和家庭中的自我完全分开。不管在什么地方，我们都是我们自己，不管我们是否承认，每一个与我们互动的人，都能深刻地感受、体验到这种真实的自我。

——[美] 苏珊·斯科特《关键沟通》

所有死去的亲人，仍然与你活在同一个记忆空间

电影《寻梦环游记》讲述了一个家族寻找音乐的故事。

小男孩米格的曾曾祖父埃克托，年轻的时候为了音乐梦想离开了女儿可可和妻子，一去不返。妻子一个人承担养家的艰辛，她恨丈夫，也恨把丈夫从自己身边抢走的音乐，于是，她在这个家庭中禁止一切音乐。

禁止音乐的家族传统一直延续下来，家族的每一代人都只

知道做鞋赚钱。由于这个创伤内部蕴含的情感如此强烈，越是禁忌，就越随之产生了一种突破禁忌的力量。

到了第五代，家族里生出一个热爱音乐的小男孩米格，他一次次突破家庭禁令，想当歌星。他在机缘巧合之下踏入了亡灵的世界，与他的祖先展开了一段故事，最终弥合了好几代人的情感创伤，也把音乐重新带到这个家族中来……

影片感动了很多人，而其中最精妙的地方是它的时空观。影片设定了一个前提——“人最怕的不是肉体的死亡，而是不再被人记住”。

在这个前提下，一个人死后可以进入亡灵世界继续生活，但是如果活人的世界里已经没有一个人记得他了，他的灵魂就会灰飞烟灭，永远“消失”。

这个设定重新解释了死亡这个冰冷的事实，肉体死亡并不是永远消失，逝者依然“活着”；其次，它也把物理的联结转化成了虚拟的联结，只要我们有共同的记忆、信念和向往，就能与逝者建立关系，死去的人就会依然活在我们的生命里。

这其实也是心理学针对死亡这个存在主义命题的“疗愈”方向，首先是如何接受告别，其次是如何转化认知，把死亡看成另一种存在形式，却不一定是完结和永恒的远离，最后，如何与逝者保持着情感的联结，加强生者对生命的力量感。

有人将《寻梦环游记》评为 2018 年最疗愈的动画电影，在我看来，它正是把以上三点有关死亡的情感疗愈，用超级精美的具象化情境呈现了出来，让观众不知不觉中更新了自己的死亡观念。

当小男孩米格第一次来到亡灵世界，他情不自禁地“哇”了出来，观众也跟他一起在心里惊叫了一声。亡灵世界不是漆黑孤寂的，而是五彩斑斓的，天空中有飞来飞去的引路精灵和摆渡车，到处是演唱会和应有尽有的城市设施。看到这一切，我们内心关于死亡的黑暗想象都被替代了。

你会感到死亡并不可怕，所有死去的家人在另一个世界团聚，依然以家庭的方式“活着”。每年亡灵节来到，美丽的万寿菊花瓣铺成桥梁，他们可以踏上它回到活人的世界探亲聚会……死亡并不是冰冷、未知的，而是温暖和人性化的。

看完电影，如果你感到死亡不仅仅是丧失，也是一种延续；而死亡的亲人仍然作为一个家族站在你的身后，那么这真的很有疗愈效果。每个人内心面对世界的困惑和迷茫，真的会减弱很多。

从个人、家庭到宗族，当你不仅仅是你自己

也正是因为亡灵的内容，本片差点不被允许引进内地，但据说审片部门看过之后，被其中的故事感动了，破例让它上映了。

其实，我觉得这部电影最是适合中国人看，还有哪个民族的价值观如此重视家庭？

况且这部电影中的家庭观还如此特殊——它不仅仅是说我们每个人属于原生家庭，更多的是说我们每个人都是家族的一部分。

这个故事有超长的生命线，从缺失的相片一角的曾曾祖父到米格，一共是五代人。尽管不被允许接近音乐，但小男孩米格一出生就梦想着成为歌神，他打破家族禁忌的过程，其实也就是为家族解开音乐封印的过程。

从家庭系统的观点来看，每个人的身上都传承了这个家庭系统的爱恨情仇，家族的文化、禁忌、观点、能量偏向无不影响着我们。一个家庭系统要发展，就一定会从内部发展出消除系统能量阻塞的动力，哪里有冲突，哪里就有使命。

生活中，我们很少通过往上倒腾五代的视野，去看待自己是谁。我们往往就是从懂事到受教育开始长成现在这样，但其实我们的生命之源在历代祖先那里。正如张爱玲说，假如你了解我的过去，就能了解我的现在。每个人的人生问题都能在家庭中找到根源。这是一个非常重要的视角。

想象你曾经在哪一刻意识到了自己对家族的传承？是在旧照片里看到爷爷年轻的时候，腼腆的笑感觉跟你很像；还是意识到自己某个勤俭节约的习惯，来自奶奶；或者是当一家大小聚齐，发现男性们莫名其妙地都对数学有特殊的天赋？

就像米格这个小男孩与曾曾祖父合唱的时候，他会意识到自己血液里就有音乐的因子，就有祖先没有实现的音乐理想。在那一刻，他知道自己的命运就是把音乐和爱重新带回这个家族，也一定要得到家人对音乐、梦想的祝福。

深究的话，人的大部分行为，其实都有“出处”，只是我们还看不到很远的因果。

大城市里有很多人自称是“没有故乡的人”，因为生出他们肉身的地方，不是他们精神的故乡；而作为精神故乡的大城市，却从未友好地收留过他们的肉身，他们在其中找不到归属感。我的一个朋友形容这种状态就是什么都是一个人“撑着”，尽管内在很虚弱，还是要一个人撑着，因为没有人可以帮得上你，你不能放松，只能靠自己。

如果我们的故乡一直在我们的身体之内呢？你的身体不仅仅是你的，你的血液、精气神来自历代祖先的细胞，他们也在你身体里活着，他们曾经的每一个梦想、纠结，都是你身体里的神秘力量，虽然看不见，但是当你产生某个想法，你怎么知道这些神经元细胞的无意识不带着家族的梦想？所有远古的缘由，某种久经灌溉的集体无意识的一部分，都是你的一部分。

当小米格得到祖先的祝福，他解开了自己内心的纠结。首先，他的“问题”不再是他自己的。米格爱音乐，一开始会觉得自己总是给家人惹麻烦。然而，当他看到这个音乐梦想其实是家族创伤，他就知道这个梦想是大家潜意识的共同决定，而不仅仅是他自己的追逐。

其次，你会获得更多力量。曾曾祖父的音乐梦想未能实现，曾曾祖母对音乐梦想的放弃，这个家庭好几代没有音乐的滋养，他们迫切需要一个孩子为家庭重新带来音乐，解开心中的禁忌。

当一个人时时刻刻感到自己是系统的一部分，这个时候他就有了力量和归属，他不再是一个人撑着，也就是找到了自己真正的精神故乡。

当个人梦想和家庭之爱发生矛盾

朋友一家人看完电影《寻梦环游记》出来的时候，她老公半开玩笑半认真地对孩子说："以后爸爸死了，你要把爸爸的照片摆在家里啊！"（影片中设定在家中摆放着照片、被活人记得的人，才能在亡灵世界生活，否则就会消失。）孩子还没说话，我朋友就白了他一眼："你一天不着家，还想让孩子记住你呀，再不多陪陪孩子，你很快就被她忘记了！"

的确，影片正是开始于一个以梦想为由逃离家庭的父亲，他引发了好几代的创伤，完全可以拿来当作当代"丧偶式育儿"中的父亲的反面教材。

最近我看了一个真人秀《生活相对论》，节目中请到了歌手郑钧与一个全职奶爸交换生活。两天一夜的时间里，郑钧被要求住到对方的家里去体验他的生活。一开始，郑钧很不理解这个全职奶爸，为什么要放弃大好的事业回归家庭。

后来，看到奶爸亲手为孩子制作玩具和用心的陪伴、对家务细节的一丝不苟，他发自内心地赞叹："他在以敬畏生活的方式过日子。"特别是，在看到这个爸爸和孩子之间融洽的关系、孩子给父亲的反馈之后，郑钧从羡慕到感动。在交换结束真心话的时候，郑钧说："在孩子身上，你能看到自己。我感觉自己特别不足。我的孩子长大了，可是我现在特别后悔没有在他们小时候这样陪伴他。"他低下头眼眶泛红连说了两遍"特别后悔"。

一切尽在不言中。每个人的决定都是影响深远的，爱的记忆会传承，被抛弃的创伤也会被传承。

年轻的时候，我们总是觉得自己的梦想最重要，于是通过反叛家庭来实现自我的扩张，但是在某个时刻，我们会意识到这个决定的偏颇。

曾曾祖父埃克托早年离家追寻个人梦想，直到意外死亡，快要被活人遗忘了，这时他才体会到爱比所谓成功更应该成为立身之本。这个发生在曾曾祖父内心的悔悟，传递到了曾曾孙子米格身上。最后，虽然爱音乐，但米格没选择成为众人瞩目的歌星，而是在生活中为家人而歌唱，把音乐带给普通的家庭。他了解到爱比虚幻的成功更重要。

人与世界建立正确的关系，前提是我们在与亲人的关系上有支点。如果偏执地追求成功，而不是建立恰当的关系，就会把人引向对外物认可的执着，而远离了内心爱的源泉。

很多男人年轻时因为追求个人力量的实现而离开家庭，以为这是丢掉牵绊，但往往个人主义单打独斗到最后，一是难以为继，二是最终会遗憾。因为家庭才是每个人的力量之源，亲情是自己的一部分，丢掉了它，其实是丢掉了自己。

埃克托用了一辈子去追求无果的事业，讽刺的是，他最受欢迎的一首歌，不是别的匠心名作，竟然是写给女儿的一首小小的告别歌《请记住我》。这也成了他一生最美，却最悔恨的记忆。

电影《美丽人生》中说："比起我的喜悦来说，你的称赞算什么。"爱的自由意志，是生命最独特的体验。最终决定我们是什么的，是内心美好的感受，而不是成功的名号。

我们需要的亲情是什么

这些年，我多在美剧里看到家庭的仪式，在韩剧里看到温暖相守，在迪士尼电影里看到家族传承，反而在现代中国，看到的更多是争吵、越界，看到家庭与我们个人的冲突。

虽然我们都有家，但多数人的生命感受还是自己一个人孤独地长大。在成长的关头，家庭带来的困惑多于我们感受到的情感支持。

与家庭和解、追溯亲情的力量源头，依然是我们现代中国人的重要课题。如果我们不能像米格那样穿越时空，也没法与亡灵对话，我们要如何回归家庭，或者找到真正与家人情感交流的渠道？

我们需要的亲情是什么？是家庭系统对人全面发展的支持，是一种精神上的归属感。那是死亡带不走的情感和力量，也是我们成为自己、完善自己的无意识母体。

希望看完影片的你，想到每个家人的脸都觉得温暖，而不是觉得悔恨或遗憾，也最终在心里找到一份沉甸甸的、可供思考的情感通途。

如何战胜爱情焦虑症

经典的悲剧情节是不可能的爱恋与残酷秩序的对立。现代的悲剧情节是爱死于自己的剑下，爱死于爱的胜利。爱在爱的行进中自我毁灭，它的顶峰就是它坠落的地方。浪漫从未如此短暂，瞬间跳跃至夫妻关系，因为现代社会中男欢女爱已没有阻碍。这种悲惨更具隐蔽性，它源于饱足，而非饥渴。

——[美]帕斯卡尔·布吕克内《爱的悖论》

最近张艾嘉自编自导的电影《相爱相亲》上映了，好评不断。

这部电影还是张艾嘉一贯擅长的女性题材，故事开头是母亲过世，慧英想把父亲的坟从乡下迁到城里来合葬，却遭到了父亲乡下大房老婆阿祖的反对。围绕着这个矛盾冲突，人物关系逐渐展开，三代女性的情感史也摆在了我们眼前。

电影的英文名叫“love education”（爱的教育），它用了很多细节来探讨爱的不同层次，情感放在不同个性的角色身上、不同时代背景之下，也放到了不同的生命发展阶段上审视，仿佛一卷女性生命发展的情爱图谱，值得我们细细品味。

婚姻里，到底是相亲还是相爱

阿祖："这是亲人的家书，不是情书。"

阿祖是一个乡村妇女，早年经媒妁之言嫁给了一个男人，村里生活光景不好，有一天男人说要出去闯一闯，从此他的存在对阿祖来说，就变成了每个月的生活费。男人再回来的时候，已经变成了一把骨灰。

阿祖在乡下守着大房的名号，以及一堆家书过了一生，故乡的贞节牌坊见证了她的忠诚，又或者是孤独。

男人在城里找了一个二房，就是慧英的妈妈、薇薇的外婆（影片中，外孙女薇薇把大房老婆阿祖叫姥姥，把二房老婆叫外婆，本文延续她的称呼区分这两个长辈），按照法律来说，二房应该是男人的事实老婆，他们一起生活了几十年，但这个死去的外婆却没有得到名分，以至于她的女儿替她不值，想要把爸爸的坟从乡下迁到城里来和她的妈妈安葬在一起，以告慰妈妈的在天之灵。

一个是有名无实，空自寂寞，一个是默默委屈，一生遗憾，这是那个时代女人的命运。

影片中出现了很多文化符号，比如，“贞节牌坊”“女书”（一种独特的女性文字，象征着女性的压抑、创造力以及自我囚禁）。

学者许子东用女人心中的绳索来描述旧时女子的贞节观：

在远古时代，男人出门打猎，女人一般在洞里做饭、采摘。可是，男人发现打猎的时候，自己的女人会被别的男人占领，最开始他们是说我打猎最好，你等我，我回来给你吃的，或者是用真的绳索锁住女人，让她们不要出门……可是，发现不管用。后来，男人们就开始发明了一种观念，他们告诉女人，不贞节的女人是不洁的，是不好的。这激起了女人的羞耻心，但是这一招特别好用，女人不再往外跑，也不会受别的男人诱惑。

男权实际上是用心理的、观念的绳索，让女性“自我管理”。这根内心的绳子多残酷，一旦绑上，就难以看见自由的可能，很多女人枯萎了一生。

外孙女薇薇在帮姥姥阿祖整理外公寄回来的家书时，发现那些信里每一封都说：“寄来五元当作家用”“家里是否安好”……在薇薇看来，这里面哪里有丝毫的思念，她说：“姥姥，他跟你没有感情，这里没有说想你，只问家里好不好，每一封都是家书，不是情书。”

姥姥却争辩说，“谁说的，他每个月都寄钱回来的，有一年还给我钱叫我买件袄子……”在姥姥的眼里，只要男人想着家里，没有忘记我们，就是感情还在的证明，她对感情的理解，一生也从来没超出关怀的范围。

暮年，在城里二房太太女儿慧英的家里，姥姥阿祖第一次看到了这个和自己丈夫真正相伴一生的女人的照片，以及晚年后老公的样子（她记忆里的样子还是当年他出门时的年轻样子），她喃喃地说："他怎么长这样了，这跟他不像啊……"

瞬间让人心酸落泪，这个让她牵挂一生的人只是一个空无的名字而已。

薇薇："你走吧，我也许并不会等你。"

和姥姥阿祖守候一生的坚贞不一样，薇薇是这个时代的年轻女孩，她和摇滚歌手的爱情是热情奔放的，但也充满了让她困惑和不确定的因素。

摇滚歌手最爱唱《海阔天空》，也和歌里唱的一样，生性爱自由，浪迹天涯，行踪不定，在音乐梦想与现实生活之间摇摆；他没有存款，不屑于向商业妥协；还有可疑的红颜知己……这些都使薇薇对这段爱情充满了不安全感。

在一次怀疑加争吵过后，他们约定赌气似的去领结婚证，但是阴差阳错，又或者潜意识中根本不想领，身份证没带，终于还是没有领成结婚证。

薇薇和很多女孩一样，喜欢流浪歌手身上的自由气质，也欣赏他的迷惘。她把内心自由绽放的梦想投射在歌手和他的摇滚乐上，但是说到婚姻，她的另一个潜意识也出现了，她还是渴望世俗婚姻这个归宿能够给她的情感带来真正的安稳。

如何独立又依附？‘我离你远，觉得孤独；离你近，又怕灼伤我自己。”可能这就是这个时代多数女孩身上最独特的困惑。

渴望自由的同一性需要，也外现于薇薇的原生家庭：她屡次想搬出去单独住，但她的妈妈慧英却坚决不让；就连她要求妈妈必须敲门才能进自己房间，妈妈也很不屑，总是忘记后又再敷衍。

都说母女大战是一个女孩走向独立的必经之路。薇薇“宣战”了，在爱情问题上她绝对不让，她说：“妈妈不喜欢我男朋友，我就跟他私奔。”就像每个深感不自由的人都希望至少、至少爱情要是我的自由之地一样。

但爱情终究不由她说了算，男友提出要去北京发展的时候，她尊重了男友的自由。尽管如此爱男友，她仍然知道爱情里的自由，不仅自己有，男友也同样有。

最后她说：“你走吧，我也许并不会等你。”她把一切交给了时间，告诉自己未来有无数的可能性。

老一辈女性的人生缺少选择，一辈子仅仅需要为一个人负责，这是她们的安稳，也是她们的悲哀；但薇薇知道她的人生将可能由无数令人困惑的选择构成，代价是不安和纠结，但至少她还是可以选择的，走向独立的每一步都算数，都是成长。

慧英：“你要是去，我们就一起去；你要是不想去，我就一个人去。”

中年女性的感情线是这部戏里最难展现的。

在中年人的婚姻里，彼此的情感和生活早就长到了一起，天下最亲密的就是彼此了，但是往往也是因为了解，关系中又累积了多年情感的纠结。能否在中年的时候，跟自己的情感、婚姻和解呢，尤其是孩子长大以后？

慧英的丈夫是个平凡的驾校教练，面对家庭矛盾，他有些懦弱，常抱着息事宁人的态度，每每令妻子不满。他的关心都是默默无声的，他会跟女儿说，你妈妈要退休了，需要安慰；他也会不露痕迹地为妻子的生日写下祝福贺卡，不动声色地调解妻子和女儿的关系。得知女儿偷偷想要领结婚证，他不发怒，只是感慨幸好没结成……

这是一个慈父，也是一个沉默的丈夫。妻子慧英常年感觉不到他的存在，她正为自己的退休、母亲的迁坟、女儿的独立而焦虑万分，只有在看到楼上风情万种的王太太和丈夫交往过密时，才会愤恨地产生醋意。

最精彩的一段，是他们的一次爆发。依然是日常，却暗流涌动。

丈夫来接慧英，开着一辆新买的车，说要实现年轻时的承诺，退休之后，好好带她去旅行。车厢里放着他们第一次见面时所喜欢的《花房姑娘》这首歌，丈夫随意地哼着歌，说："你要是去，我们就一起去；你要是不想去，我就一个人去。退休之后，我们好好生活。"

镜头没有直接拍张艾嘉饰演的慧英的脸，观众只是在后座看到她的侧脸和车前的玻璃外不断变化的道路，车在行进中，就像开往他们与自己、与岁月和解之后的新生活，慧英哭了，说："你知道我梦里的那个年轻的男生是谁吗？是年轻时候的你。"然后她说："这个座位不许王太太坐。"说完也被自己逗笑了。看不到张艾嘉的脸，但是她演得悲喜交加。

这很像中年人的爱情，你在生活中焦虑愤怒，在你以为把爱搞丢了的时候，一回头就从细节里看到早就长进彼此生命里的温暖。

不知为什么想起王菲的《流年》这首歌：

"有生之年，狭路相逢，终不能幸免，手心忽然长出纠缠的曲线。懂事之前，情动以后，长不过一天，留不住，算不出，流年。"

生命短暂，命运、情感，都不过是对平淡流年的填充，走着走着，又笑又哭，心里以为自己还是当时那个青春少女，看看镜子，当年的花房姑娘已经成为中年大婶。

共同经历了生活，依然没有忘记最初的承诺，视满足对方的梦想为自己的快乐，是人生最大的幸福。谁说中年夫妻就真的离爱情很远？

让女人一生焦虑的生命线与感情线

《相亲相爱》电影海报上写道："她相信一辈子，我相信一句话，你只信一刹那。"这很精确地概括了这三代人的情爱观：

✦ 姥姥阿祖的情感世界里只有亲人般的恩情，没有爱情，他们相亲不相爱；

✦ 年轻薇薇的爱情，约等于独立和自由的宣言，她在爱情中寻找自我实现，但是还没找到走向相亲的方式；

✦ 中年女人慧英和丈夫走过了长长的岁月，常常针锋相对，最终却发现毫无存在感的对方，用最温暖的陪伴创造了丰盛的情感，他们在相亲中又找回了相爱。

借着这样相亲、相爱的不同关系，影片展示了不同年龄、不同时代的女人的生存方式，以及他们在情感上的自我实现。

值得一提的是，最后，中年慧英又哭又笑地找回与丈夫之间的爱情，是在重新理解了阿祖的生命和情感之后。她在迁坟和不迁坟的拉锯战中，放弃了迁坟的打算，她不再一心只想着自己过世母亲“值得与不值得”的问题，而是有了更多关于爱的生命体验。她理解了上一辈无奈的同时，也获得了新的角度看待自己的生命，给自己的中年危机带来了转机。

就像片名“爱的教育”所示，爱是一门大家应该学习，却还没学明白的学问。随着生命的进展，女人在情感上的幸福，到最后拼的就是对生命、对爱的理解。

情感固然是女人共同的事业。无论年龄多大，女性始终都会有一颗少女心，都期待爱情幸福，但比爱情更重要的是生命观的扩大。不是爱情美满了，我们生活就幸福了，而是倒过来，生活进展了，情感才能呈现出丰富安宁的景象。

法国大雕塑家罗丹说过：“生活中不是缺少美，而是缺少发现美的眼睛。”

获得幸福最好的办法，可能就是无所停滞地发现生活更多的面向，去邂逅光明。

只要我成长得足够快，焦虑就追不上我

愿中国青年都摆脱冷气，只是向上走，不必听自暴自弃者流的话。能做事的做事，能发声的发声。有一分热，发一分光。就令萤火一般，也可以在黑暗里发一点光，不必等候炬火。

——鲁迅《热风·随感录四十一》

谁是那暗夜里追问的魂

前不久，一个亲戚把他家的孩子带到我面前，让我跟那孩子聊聊。

这是一个非常优秀的学生，当年以年级前几名的成绩考进北京一所高校，可是到了大一下学期就开始情绪低落，对什么都提不起兴趣，整天逃课，成绩一落千丈。

聊天一开始，他说了一句特别令人心惊的话："我不知道为什么活着。”

考上大学只是为了完成父母的梦想，现在考完了，他也不知道要干什么了，现在总感觉内心空荡荡的，什么都不想干。

这样的心理现状，仅仅发生在他一个人身上吗？

不是。

北大心理学教授徐凯文在他的文章提到，在高校里，在这群中国最优秀的年轻人中间，抑郁的比例连年升高。

而且研究发现，这种抑郁与一般的抑郁症诊断标准有所不同，它貌似更与一种人生价值缺失有关。

很多学生考进大学后，不知道人生要向哪里去，被强烈的无意义感和孤独感所包围，有的甚至想自杀。

以这批优秀的年轻人为代价，我们见证了教育、社会对青年价值观引导的缺失。

人生的价值除了上好大学、找好工作、赢过别人之外，还有感人至深的人性深远。

每个人都应该，也可以有更辽阔的人生价值。

时代不同，青春的殊途同归

感谢《无问西东》这部电影，它用一部电影的时空，把一种失落已久的人文价值观带到了我们面前。

也许它对当代陷入失落和无意义感的年轻人会是一种慰藉，更是一种唤醒。

我是从西南联大这个故事开始抹泪的。

原本荒芜的红土地上，汇集了中国最著名的三座高等学府的精锐。女学生的旗袍、教授的长衫、公子的马甲，在新修的茅草屋旁欣欣向荣。

那是中国教育史上的奇迹。

这所存续八年的大学，在战火中，在中华大地西南边陲星火不熄。

创一方知识分子救国之净土，守候着精神的火种，真正传递着苦难中知识的至高和生命的永不止息。

雨季来临，同学们上课的茅草屋抵挡不住大雨，教室里下着小雨，老教授长衫尽湿，依然一丝不苟，同学们肃穆而听。

最后实在听不清，教授干脆在黑板上写下“静坐听雨”四个字。

这是何等的风骨。

在炮火中，师生们逃命时不忘把化石标本转移到安全地带，也在躲避轰炸的泥土洞里席地而坐，随时开课，聆听教授们以各种口音讲述的哲学、生物、历史和文学。

联大学子之一沈光耀（王力宏 饰）是世家子弟，家风严谨，考上了飞行员，听说他想当兵，妈妈从香港不远千里赶来阻止：

“你不要还没有享受过做人的乐趣，就丢了性命。”

然而，他还是不顾家人的反对，毅然走上前线，为国捐躯。最后，他妈妈翻开他遗留下的笔记本，看到上面写着：“对不起，妈妈。”那一刻，情感的江河决堤而下。

这种“国之将倾，我辈担当”的无私无畏，令人动容。

除了西南联大那一段，《无问西东》这部电影给了我们更多关于人生抉择的故事：

民国时期，在文理科的人生抉择中，学子吴岭澜（陈楚生 饰）能否面对自己的天赋，摒弃功利和实用，找到坚定的学术理想？

20 世纪 60 年代，核弹工程师陈鹏（黄晓明 饰），面对心上人王敏佳（章子怡 饰）被众人批斗，能否不顾非议用爱保护和托起她的生命？他如何平衡自己的前程和爱情？

在当代，张果果（张震 饰）面临职场斗争，能否守住良心？面对被弱势群体捆绑的危险，又能否守住初心？

在不同的年代，最终这些年轻人都不约而同地选择坚守善良、真实和理想。“爱我所爱，行我所行，不忘初心，不问西东。”

影片播放过程中，身边不少人在哭泣，末尾电影屏幕上更是一一介绍了西南联大的 23 位大师：梅贻琦、梁思成、林徽因、梁启超、冯友兰、钱穆、杨振宁、钱钟书、沈从文、朱自清、华罗庚、闻一多、陈寅恪、袁复礼、邓稼轩……罕见的全场没有人走，他们起立致敬，自发鼓掌。

如果你也被这些细节深深感动，在那些感动中藏着另外一个你。

这是一个人在长成不动声色的大人之后遇到的最珍贵的时刻，你那颗宛如孩童般的赤子之心今何在？

曾经有一群年轻人这样活过

我相信时代在变，人们心中善良的火焰是始终不变的。

正如《平凡的世界》里所说："大多数平凡人没有面对过生死存亡的家国选择，然而在看似平凡的一生中，每个人也要为自己存在的世界奋斗、选择。"

其实，从这个意义上来说，每个平凡的人也没有一天是平静和平凡的，那种纠结和选择的矛盾，一如在战场。

只是，今天大多数年轻人竭尽全力才过得像一个普通人，且充满了丢盔弃甲的难过，这里面有难以言说的渺小感和失落感。

张果果这个现代职场的选择其实富有深意。

他将我们的视线从家国情怀、年代怀旧拉到了今天的生活，试图让我们思考，什么是今天的年轻人应该坚守的理想？什么是更为宽广辽阔的自我？

影片中有一群年轻人，曾经也面临与我们相似的选择。时代不同，但他们这样活过——勇敢、正义、富有同情心，有过盛放的青春。

仅仅是“看到”这些年轻人曾经如此生活，对我们来说都是如此重要！

不再耻于谈论比自己更大的东西

这是一个解构了理想的时代。

时下很多年轻人紧缩的存在状态，被形容为“茧式青春”，他们长年活在自我审视之中——“我是不是比别人优秀”，这是标准单一化带来的思维模式。

在这种情况下，年轻人应付自己的愧疚感和渺小感还来不及，更无暇去关注这些宏大的人生命题了。

我们每个人出生以来，被社会赋予的基本设定就是学好某个专业，做好社会机器的一颗螺丝钉，以及要做一颗耀眼的螺丝钉。

人人都感到残缺的焦躁和无聊，是因为我们从来不是螺丝钉，而是具有某种超越属性的人。

我们渴望着伟大、完整，向世界展示独特的自我价值，这种价值与本能直接相关。

当人们内心渴望为正义牺牲，其实就是生命力的一种健康自恋；而敢于与众不同，敢于相信真实的自己，则更是树立自我独特性，消解终极无意义感的防御……

人性本“善”，说的是人的内心先天就有一种向光和膨胀的生命力。

试问在一个“谈人生、谈理想”被当作笑话的环境中，我们靠什么来安放内心的重量，征服内心的虚无？

而影片中有一幕对什么是人生“真实”感的直接回答。

在民国时期，清华大学的吴岭澜拥有超常的文科天分，但他选择了理科，“因为最好的学生都念实科”。

当时的清华校长梅贻琦告诉他：“人把自己置身于忙碌之中，有一种麻木的踏实，但丧失了真实，你的青春也不过只有这些日子。”

“什么是真实？你看到什么，听到什么，做到什么，和谁在一起，如果有一种从心灵深处满溢出来的，不懊悔也不羞耻的平和和喜悦，那就是真实。”

校长鼓励他花时间想好自己的人生之路该怎么走。

于是有一段时间，吴岭澜离群索居，后来，终于在聆听泰戈尔在清华大学演讲“对自己的真实”时，摆脱了“探寻自己内心的渴望，探寻自己的路该如何走”所带来的羞耻感。

他对后来的学生说：“原来这些卓越的人物，也认为花时间思考这些，谈论这些，是重要的。今天，我把泰戈尔的诗介绍给你们，希望你们在今后的岁月里，不要放弃对生命的思索、对自己的真实。”

联结，你的选择比自己更大

在这部电影里，我们看到最多的还是传承和联结。

在王敏佳被批斗的时候，医生李想没有站出来，程鹏教给他“逝者已矣，对活人好点吧”。李想怀着亏欠王敏佳的补偿心理去支边，在一次危难中，他牺牲自己，救助了张果果的父母。

后来，张果果的父母一辈子怀着感恩之心养育了善良的儿子；张果果怀着只做善事，不问结果的心理，冒着被弱势家庭捆绑的“危险”，尽全力救助了四胞胎家庭。

梅校长温厚睿智的开导，让青年吴岭澜敢于面对自己，坚定地选择学术理想，而在西南联大，作为老师，吴岭澜又把对生命的珍视和真诚传递给了沈光耀。

爱国青年飞行员沈光耀，一次次为炮火中的孤儿投下救命的粮食。靠着这些粮食，程鹏得以长大，没有在战争中饿死，最后成了“两弹一星”的核工程师，且用赤城的爱托起了生命垂危的王敏佳。

只是一个小小的蝴蝶扇动了翅膀，你却不知道它将带来怎样的一场风暴，如何改变了很多人的命运。

如果我们所站立的这片土地是一方舞台，那它不会永远属于我们，这片舞台生生不息，前人已经演绎过自己的生命，今天轮到了我们。

我们不只要对自己负责，也要对这片舞台，以及接下来的演员负责。

当影片最后的字幕里打出“献给珍贵的你”时，我们明白每个微小的选择都是极富深意的传承或背弃。

你心中的火焰，灼烧的不仅是你的内心，还会成为照亮世界和历史的光，温暖他人。

再成功的平庸也只是平庸

青春的选择不是没有代价的。当陈鹏从原子弹研究基地返回家乡的时候，在火车上，镜头给了他一绺绺掉下的头发一个大大的特写。

然而，如何让自己感觉真正活着，如何与内心的自己真正相遇，我们的青春还有没有谈论理想的能力？这些问题需要每个人自己来回答。

德国作家塞缪尔·厄尔曼说过：“青春是生命的深泉在涌流……年岁有加，并非垂老，理想丢弃，方堕暮年。”

只有丢弃了理想的人，才真正失去了青春。

祝福你们，顺着这部电影的光芒，为自己找到更庄严的人生之路。

越长大，越害怕活成爸妈的样子

我们注定不会重复父母的生活，也不会重复我们的过去。解读生活能够使我们信赖已有的积极经验超越过去的局限，为自己和孩子创造新的生活，并且帮助孩子建立一种良好的关系。

——[美]丹尼尔·西塔尔《由内而外的教养》

什么时候，你发现自己和爸妈越来越像，特别是随着你年纪越来越大？

“你躺在沙发上看电视的样子，跟你妈一模一样。”

“你什么时候跟你妈一样了，斤斤计较，尖酸刻薄。”

“别跟你爸一样，拿起酒杯就没完没了。”

你明明还没到那个年纪，却发现自己越来越有父母的影子，而且是缺点的影子。小时候看到母亲跟人尖刻地争吵，或者看到父亲总是对母亲要么斥责要么冷脸，你暗暗发誓长大以后绝对不要变成这样。

可是，为什么你害怕活出父母的缺点，却越活越像你的父母？

有的人，一直在复制父母的人生

到一定的年纪，你会发现，原来父母身上最让你痛恨的东西，已经完全活在你的身上。

小林是一个沉默寡言的计算机管理员，他恨父亲一辈子走不出小镇，发誓要考上大学走出去。可当他工作后，却发自内心地觉得融不进这个世界，他内向沉默、只会埋头做事的性格，和他的父亲如出一辙。

他常想起父亲说的话——“外面的世界很危险，不要轻易相信陌生人，多长几个心眼”，不知不觉间，这也成了他无法放松的原因。

而我的二表姐，她的妈妈争强好胜，从小把她当成铁姑娘来养，她恨透了妈妈对她一言不合就拳脚交加，却蓦然发现，每当孩子淘气时，她也控制不住开始变成自己的妈妈，妈妈的语言、神态在自己身上得到复制并发扬光大……

朋友S公公婆婆的相处模式是各自活动、各自生活：S的婆婆喜欢跟自己的姐妹打麻将，而沉默的公公不是去钓鱼，就是独自去老茶馆喝茶。S的丈夫现在也在重复父母的婚姻模式，与她显得有些疏离。

好奇怪，明明对父母的一些行为又恨又怕，却又在不断追逐重演。

刻进成长轨迹里的印记，使你和父母的联结更加紧密

一个人成长的家庭氛围可能决定了他的一生，在好的家庭里收获的爱和鼓励让人更加自信和笃定，但不是所有的父母都能满足孩子的需要，因此才有那么多想要摆脱父母阴影的孩子。

到底是什么在使你重复自己想要摆脱的阴影？

心智模式的成长方式

心理学家认为，每个人的心智模式形成于我们自我构建的成长过程中。

一个孩子最初感知和应对事物的方式，来自身边重要他人的影响。多次重复之后，这种影响就会慢慢固定下来，形成影响这个孩子一生的模式。

朋友 S 的丈夫曾经对她说过："你多好啊，从小家里都围着你转，我呢，是放养！" S 的丈夫第一天去小学报名，是他自己去的。

在放养的环境里，无数这样的事件让S的丈夫习惯了自己一个人运转的世界，久而久之习惯了不倾诉、不求助、自成一体。

那些没说出来的“话”，也被编织进了心中

一个人长期生活在一个家庭里，成年人或许会对自己的烦恼只字不提，然而，孩子会感受到家庭这个信息场里的所有信息，特别是那些没说出来的话。

S的公公沉默寡言。从小生长在这样的家庭，S的丈夫可以感受到父亲的情感压抑，也感知到母亲为此的痛苦。

这种情绪也会写进孩子的情感模式中。S的丈夫不自觉地把这种关系模式带到自己的婚姻中，不想让自己的婚姻变得像父母那样，结果却越来越像。

S丈夫的经历和很多人一样：明明知道原生家庭有很多问题，却在越来越多的瞬间发现自己很像父母。

心智模式是由过去的小情绪体慢慢固化而成的大情绪体。过去的小反应，现在成了无意识的自然反应，在精神分析学里，这叫“强迫性重复”，那些固有的情绪反应成了我们确认过的自我的一部分。

有时候越恨，就联结得越紧

为什么明明知道父母那一套是有问题的，是你所恨恶的，是你发誓决不愿重蹈覆辙的，你还会去重复呢？

原因也很简单。因为爱和恨其实是同一种东西，两者都意味着强烈的联结。当一个孩子无法改变使他痛苦的东西，就会非常恨它。

生活中，我们往往越怕什么，就越来什么，就是因为你的“怕”和“爱”，是同一种强烈的情绪，你早就与它有了联结，你越挣扎，命运之手就会将你抓得越紧。

从旧的家庭里，长出新的自己

科学家在研制新药时，会让小白鼠先感染病毒，有了症状，再用药品去治愈。不经历一场疾病，身体就不能产生一种抗体。对很多人来说，我们对原生家庭的重复，也具有这样的意义。

按照家庭系统来说，我们正是要从系统的内部生长出革新的力量。有继承，就必然有前进。

一切取决于我们如何看待这种重复的命运。通过了解丈夫更多的过去，S 对自己的婚姻和成长有了新的认识。

S从小生活在无微不至的情感支持中，这使她成了一个依赖性很强的姑娘，她觉得除非找到依靠，否则很多事情她自己完成不了。这是一种紧密型家庭关系提供的安全感，也是对向外探索的限制。

正如恋爱初期，她在丈夫身上看到了力量和稳定，丈夫从来不假手于人，仿佛所有事情，他都能搞定。从某种程度上说，他疏离的家庭情感模式给了他独立的力量。

任何一种心智模式都蕴藏着资源和限制两个方面，并不仅仅是你看到的可怕的、你最恨的那一种重复。

公平地说，正是因为来自两个不同的原生家庭，对彼此有“异质文化”的冲击，S和她的丈夫才互相吸引，组成家庭，想要突破自身，渴望完整。

没有完美的原生家庭，只有无法选择的力量和限制，那就是上天交到我们手里的一副牌。如何打好它，这是我们一生的任务。

生活在受害者的角色中，就像很多人说“父母皆祸害”一样，否定父母是容易的，知道了父母的祸害，却依然不能让自己活得更好。因为我们只是否定，却没有完成真正的肯定，从中汲取力量。

如果把家庭看作一个系统，我们在这个系统中成长，也必然会成为这个系统的一部分，学会它的运作方式，变得越来越像父母。

但另一方面，我们也要看到，作为这个系统崭新的一部分，我们也注定要发展这个系统，让它有所不同。

我们是新的一代，会长出自己——虽然是在旧一代的基础上。但这可能正是这个世界自我更新的方式，我一直相信这就是人的使命。

相信我，如果你为原生家庭而痛苦，那可能是你走向改变的开始。重复不仅仅是为了重复，而是为了创造，人正是这样才寻找到了自己的意义。

一生只爱一个人，值不值得

你的道德观告诉你，爱是为了让你摆脱道德的束缚，爱高于道德的评判；真爱可以忽略、原谅和容忍对方的一切缺点，爱得越深，就会允许被爱者身上有更多的邪恶存在。它告诉你，爱一个人的优点乃人之常情，无足称道，爱人的缺点才非同凡响。爱那些值得被爱的人是自我得利，爱那些不值得爱的才是牺牲。

——[美]安·兰德《阿特拉斯耸耸肩》

一生只爱一个人

贾樟柯的电影《江湖儿女》上映，一篇影评说里面的女主“让人不适”。这种论断让我对这部电影很好奇。

看完后第一感觉是，这部电影塑造的女性在当下很稀缺很珍贵，可能正是在女人应该如何才算是“伟大”这件事上，我们有分歧吧。

影片中，女主角巧巧生活在山西大同，她是黑社会大哥斌斌的女人。在下岗潮中，她和斌斌都成了无业游民，斌斌靠着混社会的能力，罩着当地的麻将馆收保护费，并靠解决各种社会纠纷挣钱生活。

斌斌私藏了一支枪，本来这是一个秘密。但在一次混混斗殴中，斌斌快被打死了，巧巧为了救他，只好开了枪。因为私藏枪支，巧巧被抓，为了保护斌斌，她一口咬定枪支是自己的，不是别人的，于是她被判刑五年，而斌斌却只判了一年。

从这里开始，所谓巧巧的“伟大”和斌斌的“渣男”本色一点点显现出来了。

巧巧坐牢的五年中，被替了罪的斌斌不但没有去看过她，出狱的时候也没有来。但巧巧放不下斌斌，出狱后她第一件事就是辗转千里来到斌斌所在的奉节找他，一路不知多辛苦，被骗到身无分文，还差点被强暴，结果好不容易到了奉节，斌斌还躲起来不见她，不接电话，甚至还让人带话给巧巧，说他有了女友。

在这种情况下，一般女人都是痛斥这是个渣男，然后转身就走，从此在心里诅咒他一百遍，老死不相往来。

然而，巧巧不是一般女人。她到公安局报案，在警察帮助下找到了斌斌，当面淡淡地问他：“我还是你女朋友吗？”得到“我们从此没有关系’的答复后，她才默默地离开了。

巧巧就此回到了故乡，继续开着麻将馆，掌管着这个地方的黑社会生意。

故事还没完。

几年后，发誓要“有钱、有人”才肯回故乡的斌斌回来了，回来的时候既没钱又没人，还坐着轮椅。他半身不遂，中了风，明显在外面混不下去了。这时候巧巧来火车站接他，看到他眼睛里满是心疼。一句多余的话都没问，就推回了家，开始细心照顾他。

也许是觉得无力承担巧巧的爱，斌斌不告而别，留下一些生活费，离开了巧巧。巧巧把钱扔到地上，眼泪爬满了不再年轻的脸……

全剧终。

我想影片后半部分对负心汉的重新接纳，可能是巧巧最遭人诟病的地方，渣男回归，不计前嫌，怎么“好像世界上没男人似的”。

批判的影评里写道，很难想象，在一个大女主时代，这部电影拍出了一个让所有现代女性都觉得坐立不安的无脑女人；还说“男人用义气给女人洗了脑，让她成了圣母”，……但是，等一下，巧巧真的只是‘无脑”或“圣母情结”吗？这种论断，对吗？

值不值得

从男女关系最后的结局上来看，巧巧真的“吃了大亏”，辜负了多少年青春年华不算，还坐了牢，而且终身没有嫁人，最后她这个良家妇女还走入了黑社会，毁掉了正常、传统意义上女人幸福的一生。

但是“值不值得”是一种什么样的评价？本质上是一种“越界”的评价。

因为它评论的对象是个人价值体系。常识是，如果当事人觉得“值得”，一切代价，她愿意付出，这个选择是属于自己，一切就没什么可说的。

关键就在于，这个选择是自己的。

在这个意义上，巧巧的选择不但是自己的，而且似乎永远和另一个人无关，斌斌来或者走，她都选择去爱。

不要以为一生追寻一个人，爱一个人很容易。

所有的人，特别是女人在爱情里最要求证的事是“我重要吗”“我被爱吗”，在这一点上，斌斌这个“渣男”的回答真的是负分。一般人遭遇到巧巧这种“拒绝”“抛弃”，第一反应是“自尊受伤了”，那我会攻击你，巧巧的反应却是“我不管你喜欢不喜欢我，我就是喜欢你”。

这个反应跟“圣母”——一切都无条件付出的价值感，完全不一样。巧巧不是不可以走，她的生存能力一直很强，她开麻将馆，在江湖上混吃骗喝，甚至照顾一帮小弟……她有强大的能力发怒报复斌斌，但她没有这样做。在爱中，她的选择显然有和自尊受损、迁怒于人不一样的标准。她如何吞下凡人被抛弃、辜负的悲伤，你不好奇吗？

相比来说，“圣母”的原型更扁平了，她只是“被动接纳”，是“无欲无求”“只能依附”的典型，除了在异性的眼中看到自己存在的意义，她其实毫无“选择”。

巧巧才不是圣母，她一直有自认为的江湖道义，有自认为的爱人的标准，她一直“主动选择”去爱一个人，而不是被那个人所爱。

说巧巧的选择不值得的人可能内心一直都有一个标准，比如女人就应该找一份安定的工作，找一个老实专一的男人，妻贤子孝度过平淡而又幸福的一生。

但最美好的一点是，巧巧不这么看自己，她更不要这些所谓幸福的虚弱表象。

斌斌坐着轮椅归来，巧巧接纳的同时，闭口不问斌斌这些年的经历。

连斌斌自己都不解，他从一个男人的角度来看，巧巧至少应该问他：“你不是有女朋友的吗？你女朋友呢？”

一次，斌斌终于忍不住问巧巧："你怎么不问林家燕到哪里去了？"（林家燕是当年在奉节，他说他找到的新女友的名字。）

巧巧沉默了半天，这个问题勾起了她的痛楚，她转身过去静默了半天，看着远方——她不是不会痛的。但是巧巧后来转过来还是一脸平静地说："她跟我有什么关系吗？"说完推着斌斌继续散步。

一个女人傻傻地爱一个人，最主要的障碍就是"自尊"。被昔日恋人抛弃，人首先感到的是价值被贬低，因而会迁怒他人，毫不犹豫放弃"我爱他"的初衷，转而心疼自己。

但是巧巧一直坚定地知道自己爱斌斌，就可以为他做一切，这个守候不因他的变化、他的辜负而改变，她是完对自我负责的。

当年林家燕说"我就是他女朋友"时，她并没有站起来厮打械斗。她也只眉梢稍微动了一下，极其淡定霸气地回答："你让他来跟我说，这是我和他的事。"

她的感情都是属于自己的，她选择去爱一个人，为这个承诺和信义坚守到底。可以说，她塑造了自己的爱情，而不把这个权利交给所谓小三，甚至是作为对象的"恋人"。

贾樟柯想说这是江湖的"义"，但我更觉得是一个女人对自己的自尊和自信。

这点让她特别酷——爱是一件我自己的事，和男人无关，不是为了谁，而是为了自己。

这才是真正的大女主。

一生很长，用来找一个人

这部电影的海报上写道："一生很长，用来找一个人。"

这在我们这个时代看起来像是一个理想主义的宣言。

换句话说，如果你想，却也未必每个女人都能做到一生为一个男人。

心理学家弗洛姆在《爱的艺术》一书中指出了现代人对"爱"的误解，包括：

第一，爱等于"被爱"。

大多数人认为爱情首先是自己是否被人爱，而不是自己有没有能力爱人的问题。

这个世界上大多数人理解的爱，是"我是否值得被人爱"和"我有没有成功赢得他的心"，这跟"成功学"差不多，只是在表达"我需要你的爱"，而不是选择自己去"创造爱、相信爱"。

第二：爱等于"爱的对象"。

人们认为，爱很简单，就是找到一个爱的对象就可以了。

凡是爱情不如人意，都跟"爱的对象"的好坏有关，跟运气有关，而忘了评估自己对爱的创造性投入。

第三：爱等于“坠入情网”。

人们潜意识里认为“爱再容易不过了”,出现了那个“合适”的人就可以了，我自然就有了爱。

而爱的本质不是这样，爱是两个人创造性的深度融合，你不了解自己，也就无法了解他人，也就无法了解爱，这种持续的互相了解，让人能在更大尺度上理解和包容一个人，而不是一味需求被爱。

从这个角度上来说，这部电影讲述的是一个女人忠于爱，孤独成长的生命过程，像一部女性的史诗，讲述了她如何在艰难的生活中颠沛流离，但始终坚持自己的情感正义准则，选择心中所爱。

判断一个女人很简单，从她对爱的选择和承担上，可以看到她内在的自由程度。

“爱情”其实是女性精神成长中一个引领性的命题，可以说女人是在爱情的引领下，学会认识自己，成长得更宽广坚强的。

令我记忆犹新的一幕是巧巧出狱后去奉节劝斌斌回故乡，斌斌给她的回答是：“我没有钱，也没有人，怎么回去啊？”

巧巧说：“那我呢？”

这可以看作这对恋人的根本分歧：男人追寻的是世俗意义上的认可和成功，认为只有那样他才值得被爱；而作为女人，巧巧要的只是“情义无价”。

就连导演贾樟柯自己也说："我不是在赞美女性，我是在反思男性。男性的道义大多放在嘴上，而女性的道义大多藏在心里，放在情感、家庭和她相信的事情上。"

爱情可能是很多女性的"宗教"，一生最大的执着、最大的痛苦、也是最大的动力，带她走向自己生命的选择，而只要她认出、忠于这一点，她在这漂泊的人世上就有了皈依，经由爱的付出和承担，感知到自我存在和生命本身的重量。

在这个虚无的世界上，如何才能不忘记自己是一个人，一个只存在一次的人，只有一次生存的机会，能经历希望、失望、担心和恐惧的人？

找到生命中不可承受之重，也找到意义感，对巧巧来说，爱情的力量犹如"天启"。

让人印象最深刻的场景是，巧巧出狱后，寻找斌斌而不得，无望地流浪到了新疆，在下火车的当夜，抬头看到天空出现异象，传说中的 UFO 嗖嗖划过，照亮了广袤的新疆荒漠。

想起了影片的英文名是" ash is purest white "。

是啊，从宇宙来看，我们都是一粒尘埃。但是再小的尘埃，我们也可以有自己的选择。这种选择对个人来说就是生命的全部了，所以它本身就是珍贵的。这种选择让尘埃也可以成为最纯净的那一粒微尘。

我想这就是导演想要表达的吧。

巧巧的内心，有一个我们现代人已经遗忘了的遥远的旧江湖，它跟随的是“情”“义”的方向。

另一篇影评对巧巧的评价，我觉得更恰当：“她一生游走在灰色地带，但内心却是纯净的，她是追求自由的女性，担得起所有人的仰视。”

尼采说：“足以使人承受住时间的侵蚀，就是成为你自己。”又说：“那没有击垮我的，必将使我更加坚强。”

但愿每个人都能坚定自己的选择，再多苦难也罢，快乐也罢，生命的分分秒秒，其实都是你为自己创造的整个宇宙。

性感的女人是如何修炼出来的

一个平静快乐的女人，对她的伴侣也会更有吸引力。她有明显的自我风格，完全接纳自己的外表，而这正是让大多数男人最心动的特质。一个没有安全感的女人就算看起来很美丽，大多数身心健全的男人也会因此退避三舍。

——[美] 理查德·卡尔森《别再为小事抓狂》

美而不性感

大型相亲工作坊的现场，往往是一个观察男女心态的试验场。我有幸利用工作之便，去过一些，去多了就有不少发现。

常规场景是这样的，一堆女生围在一个角落里窃窃私语，不太跟男生互动。主持人卖力表演，推动男生和女生之间的互动。当然，社会默认是男生主动，但是女生的心态也有点耐人寻味，既然知道来相亲，但她们表现得好像只对同性感兴趣。

是不是也有点刻意？

这些女生外表看起来其实一点都不“保守”，有的还穿得很性感，而从行为上看，她们大多会选择观望。

更有趣的是，男生邀请女生跳舞的环节，就是一场大型的尴尬现场了，女生多数很难放开，肢体僵硬，羞怯又紧张，有时候我看得满眼尴尬。

这些女生难道是被父母逼来相亲的，否则不能解释为什么他们来到一个求偶的场合，却找不到一些情愿的迹象？

这些疑问当时我也无法解开。我以为真的是社交经验的缺乏，后来有一次，我又跟着去旁观一个相亲工作坊，发现了更深层的原因。

老师在说形象设计，老师让女生谈谈约会时怎么挑衣服。

女生说出一大堆自己不满意的地方，腿太粗、脸太大、手臂不敢露……所以不敢穿这个，不敢穿那个，会尽量遮盖那些地方。

然而，老师问道：“你们为什么就会避短，而不敢扬长？你们身上的优点呢？”

这下她们沉默了，想了半天，有的勉强说了皮肤还挺白，或者鼻子还挺高吧。

在这些观察背后，你可能会发现一个事实，女生是以社会的审美标准来看待自己的，她们可能不知道自己真正的美在哪里，也不确信自己在男人眼中有什么魅力。在内心深处，她们还找不到跟异性互动的感觉。对于如何在互动中感知自己“有异性魅力”，并且带动两个人的互动，她们毫无经验，所以有点手足无措。

回顾我们的成长历程，好像只有人催婚，却没有人告诉我们如何才能结婚。这也让我反思，绝不是身边有了各种异性资源，给你一百个候选人挑选，你就可以结婚，问题是你自己和异性的交往能不能启动结婚的进程？相识、相知、挑选、确认彼此、牵手了解……这些过程里都藏着更多的两性微妙的能量互动。

性能量的释放和彼此牵引在我们的教育中从来没有出现过，抑或是在我们生命中没有出现过。

性魅力是什么

我想起了电影《黑天鹅》里面的故事。

女主角妮娜是一个芭蕾舞演员，她是一个美丽的芭蕾舞演员，专业水准堪称完美，但是她却说不上是一个“有魅力的女人”。妮娜身形干硬、表情委屈，行为保守，说话从来不敢直视别人，只会低着头羞怯小声地低语，遭到拒绝后立马逃走。

当妮娜和男演员跳舞的时候，她的舞步克制精准，虽然很优美，却总是缺乏热情，舞蹈总监托马斯指着妮娜问男舞伴："大卫，说实话，你想不想和她上床？！"男舞伴笑了笑，没有作答，托马斯狠狠冲着妮娜说："不，没有任何人会想跟你做爱！"

在舞蹈总监托马斯眼里，一个好演员的感染力跟性魅力是一体的，她身上有一种自然的生命能量的释放（在精神分析里，可能叫力比多）。

这说的就是一个人能够用自己的能量场影响别人的原因——生命力的释放。

这一点在我们很多女性身上被"掩埋"起来了。这是一个深刻的女性自我认知的问题，也是一个性能量被抑制没有觉醒的问题。

和妮娜同在一个舞蹈团的，还有一个叫莉莉的演员，她平时一身朋克装扮，脸上写满了自由洒脱。跳舞时，她尽管舞步不精准，却柔软自在；尽管她在跳芭蕾舞，却披散着头发，在跟男舞蹈演员的进退中，充满了灵动的交流。看着莉莉的舞蹈，托马斯对妮娜说："你看她跳的，那种热情是装不出来的。"

不独立，就不能狂野

说到性魅力，好像是吸引男人，其实我们不是为了吸引男人，才渴望表达自己，而是渴望真正自我绽放出最美的形态。

实际上，每个女人都有这样的自我形态，千差万别，但都充满魅力，只是这部分性魅力的表达被什么东西蒙住了，比如错误的教育、压抑的管制等。

影片中的妮娜，从小在一个控制欲极强的妈妈身边长大。妈妈原来也是一个舞蹈演员，由于意外怀孕，丢掉了事业，后来还被男人抛弃了，从此，她就把对事业和人生遗憾的补偿都放在了女儿妮娜身上。

直到她二十多岁，妈妈还不准妮娜有朋友，不准恋爱，只准跳舞，甚至朋友来到家门口，妈妈还要说妮娜不在家。

妮娜的房间被妈妈布置成梦幻粉色的芭比空间，换句话说，妈妈至今用小女孩的眼光来“照顾”（控制）妮娜，性和独立的自我是不被允许存在的。妈妈的强烈意志实际上占据了女儿所有的思想情感，让她走不出自己的路。

当妮娜被选为舞剧的主角，却迟迟找不到狂野的感觉时。一次舞蹈总监托马斯为了让她找到女性能量的感觉，让她回家自慰。当她试着在床上自慰时，忽然，看到妈妈来到卧室。其实不是妈妈真的在，而是妮娜潜意识里的幻觉，她已经把妈妈的管制内化成了内心的监视，每次想要做自己的时候，就会感觉触碰了禁忌。从此以后，她在自己的门上加了一根铁棒子，锁住门，以防妈妈破门而入。其实也是用这个关门来暗示自己，要与母亲的共生关系决裂，走向独立。

没有性魅力的女性，在内心没有完成从被动的小女孩到成熟女性的心理任务，导致了性魅力无法释放。

乖乖女提供了一种僵硬呆板的生活方式，最重要的是和父母共生，在孩子的状态下，内在的性魅力没有办法展现出来。

性魅力就是不压抑的真我

与性魅力有关的，其实还有事业的欲望和野心。

在妮娜的领舞角色可能被别人取代的时候，她走进了舞蹈总监托马斯的办公室，实际上她是来表达自己想要这个角色的愿望，然而，她支支吾吾，不敢直视别人的眼睛。领导说，不行，这个角色已经给了别人了。她立马转身准备走。托马斯却把门一关反问她："为了自己的角色，你就只敢努力到这儿了吗？"

这是妮娜不具备的攻击性，一种主动性。对于自己想要的东西，一个人是否敢直面竞争，或者敢于表达自己，是自我感的一种强有力的展现方式。在生命状态非常高昂、自然流淌的人的生活中，这种霸气是自然释放的，而对没有性魅力的女生来说，这种攻击性完全被无力感掩藏了起来。

有时候，创造力就等于野心勃勃，等于无限打开自己的潜能，然而，时刻靠“克制”生活，不敢失控的乖女孩不敢付出一切去创造。

所以可想而知，不仅是性魅力，当一个女性没有联结自己的内在能量时，她可能会是一个兢兢业业的好员工，却不会成为真正令自己满意的自己。

人们把未觉醒的女性魅力叫作性呆板、性僵硬、性冷淡，但不管它叫什么吧，它都让你——不自由。

爱自己，才允许自己释放

很多女性声称爱自己，尤其是现在这个社会把“女人应该爱自己”当成生活质量和标准的象征。

然而，什么是“爱自己”？

对自己好一点，不是沦入消费主义，不是功利女权主义的一种，而是一种健康的自恋——我很好，我真心喜欢自己，我敢于做自己。

爱自己，实际上是一种绽放感。

当你知道自己是谁，当你肯定自己的时候，从身体到灵魂能自由自在，这显示了你对命运的信心，正因为绝对确认自我，所以你敢于放心展露自己，你知道自己是“安全的”。

记住，并不是要长得多美，而是要有一种绝对的自信心。这种自信心能够说服别人喜欢你，因为你相信你是美的。这是一种信念，你相信自己的巨大能量，别人也一定能够感受到。因为你有多喜欢自己，就有多大的性魅力，就有多大的能量能够掌控世界对你的看法。

正如舞蹈总监说的，挡在你路上的只有你自己，没有别人。

选择的自由和承担的勇气

我们，唯有我们，要对我们所做的事负责。什么也逃不出我们意志的完全自由。完全自由意味着：我们必须为我们的选择、决定和行动承担全部的道德责任。

——[美]理查德·J. 伯恩斯坦《根本恶》

生活日常和内心的时时刻刻

《时时刻刻》这部电影讲述的是三个女人的故事。

一个作家被医生判定有精神疾病，为了“疗愈”，丈夫陪着她举家搬到乡下，并请了两个仆人。

她与世隔绝，只能更加沉浸在自己的精神世界里。她是一个看起来奇怪、有点神经质、苍白敏感的人，好像不属于现实世界。

她的姐姐带着孩子来度假，大家在一起喝茶吃点心，结果她又沉浸在自己的小说构思中了，小孩子喊几次她都没听见。

她的姐姐跟自己的三个孩子说："你们的姨妈非常幸运，她有两个世界，一个现实世界，一个是她自己想象的世界，她比我们的世界多一个。"

她承担着精神上的苦闷折磨，对拖累丈夫的负疚，还有被当作囚徒没有自由的日常生活，只要她出门，全家都紧张，以为她要离家出走。

她是病人，不是人。

那些冗长的生活里不是没有爱，但是爱却成了负担，也是难以忍受的，只有她自己知道自己每天的日子，知道自己的处境。

另一个女人，是一个家庭主妇。

看起来她已经实现了完整的美国梦，郊区别墅、丈夫、孩子，应有尽有，每天只要做好饭就行了，每天早上，她把丈夫送到门口，跟上班的丈夫挥手道别后，马上收起笑容，面对无尽的虚空。丈夫是退伍军人，被当作英雄，他值得拥有完美的家庭生活，她感受到自己只是社会奖励给丈夫的标准配置，她不能破坏这份"荣耀"。但她看不到人生的意义，非常苦闷，不能说她的生活不好，但她转头面对自己的时候，却感知到细腻而没有意义感的苦闷每分每秒都在撕咬她的心，她要何去何从？

第三个女人，她是一个文学编辑，照顾着一个得了艾滋病的诗人，这个诗人在大学里跟她是恋人关系，富有才华却有一颗破碎的心，多年来，她把自己的命运和他紧紧联系在一起，不能放手，也放不下他去经营自己的生活。

诗人很痛苦，诗人想死，但他只是为了维系她的希望而活着，因而又无助又充满了愤怒。她也很痛苦，她被卡在过去的情感里，放不了手也帮不了他。

诗人得了诗歌界的终身成就奖，他却把它看作同情，他有一个选择要做出，是维持这种无望而虚伪的生活，还是寻找一个终极解脱，同时解脱自己和她？

我没有写出这三个女人所处的年代，事实上她们的故事发生的年代分别跨越了好几十年的差距，但是看她们的生活，我们却一点都不陌生。

在精神和现实世界夹缝中的苦闷，男权社会下女人的虚无自我感，被情感回忆牵制人生走不出来的痛不欲生……三个人不同的命运，超越了时代，都代表同一个主题——到底要如何从一种几乎是宿命的精神痛苦中解脱出来？对她们来说，一切箭在弦上，不得不发，多一刻这样的人生都很痛苦，却又难以做出任何决定，因为对一切迷茫无知，进退不得，该怎么办？

生活带来的精神痛苦，常常不是以一种铺天盖地的灾难突袭而来，而是以具体的细节，以淹没你的处境默默覆盖你，像泥沼，一时逃不出，想要弄明白却又越陷越深，正因为你深陷其中，所以找不到出路。“如何解脱的答案”成了一只时时刻刻撕咬人心的虫子，在考问着你到底应该如何过自己的生活。

正像苏菲·玛索说的，最可悲的不是年华老去，而是在平淡的生活中迷失自己。

她们最终无力承担的是自己的迷失，迷失在一种空洞又无边无际的生活中，一切的痛苦既徒劳又分外真实。

人生的选择背后有深刻的精神危机

这三个故事说的是生活的困境和选择的问题。

虽然很多影评说这是一部充满女权意识的电影，其中也的确有很多隐喻是在说女人的“苏醒”，但是抛开女权的意味不说，女人也是人，女人的“苏醒”也是人的“苏醒”。

那么，人应该如何存在？存在主义心理治疗认为，人的一生有四个基本的存在性命题，分别是：孤独感、自由感、死亡、无意义感。

无意义感让人感受到自己的生活仿佛并不属于自己，和自己无关，或者很难体验到一种真实的人生参与感。而面对人的痛苦，孤独感也是与生俱来的，你我都是孤独地进入这个世界，又必须孤独地离开这个世界，没人陪得了我们，我们渴望与重要他人联结，同时又清楚地认识到，我们始终无法彻底摆脱孤独，而且也没有人可以替代我们死亡，替代我们做艰难的选择，替代我们去承受痛苦、责任和代价——我们必须孤独地面对命运。

而存在性自由，不是随心所欲的状态，而是生命中有一种符合你个人期待的、个人存在意义上的自由。

正如卡夫卡所说："我是自由的，那就是我迷失的原因。"这种自由里又有焦虑，因为无从选择，所以担忧，又想逃避，却又逃脱不了。我们面对自由的态度其实是不自由的。

伴随着所有内在的困惑，死亡就像如影随形的监控者，一直对我们虎视眈眈，因为如果回答不出如何生存，必然就要面对死亡。

存在性危机存在于所有人身上，然而在敏感、精神需求高的人身上，则表现得更为明显。它跟你的现实处境没有关系，在现实中，你可能看起来很"正常"，社会功能也良好，然而存在性危机却在内心默默咬噬着你的自我完整感。

这部电影的主题涉及了所有这些精神层面的痛苦。

这三个女人是如何选择的呢?

女作家（伍尔夫）选择了死亡。一个清晨，她逃出仆人和丈夫严密看管的家庭，在口袋里放了石头，走向了小河的中央，义无反顾地沉浸在冰水中不再挣扎，就像她一直想做的那样，放弃挣扎，放弃和命运的对抗，得到自由和解脱。

诗人也选择了死亡，他在窗口对赶过来接他去参加庆功宴的女编辑说了一句他们共同喜欢的伍尔夫小说中的一句话："再也没有两个人像我们这样甜蜜。"就从窗口一跃而下。他用死亡给了她和自己一个解脱。

死亡对他们来说，最终或许是一个选择，有其必然性，它对应着精神的率先崩溃，肉体存在是可以在一念之间毁灭的。

而那个家庭主妇，某天，怀着四个月的孩子，来到了宾馆，决定吃好几种药品自杀，然而，她最后突然惊醒了，决定留住自己的生命，但她也决定不要再像以前那样生活了。在生下肚子里的孩子之后，她离家出走了，在另一个城市里当图书管理员，独自过了一生。

女编辑在诗人死后，和自己的同性恋爱人，以及人工授精的女儿拥抱在一起，这是她的世俗生活，她终于说服自己要回到"现实"，不再在"回忆"中纠缠，他放弃生命，她捡回世俗生活，这里有一种"告别"和"新生"。

生生死死，死死生生，正如哈姆雷特所问的，生存还是毁灭，这是一个问题。最后她们都做了选择，在选择里承担着命运的孤独和困惑，每个人都得到了某种程度的"解脱"。

印象最深刻的是，那个选择离家出走的家庭主妇说："我知道离开孩子是最坏的母亲，但是没有办法，我不在这种生活里，就在另一种生活里，我只能选择我能承受的痛苦。”

而在影片里，她选择离开的孩子之一，就是那个跳楼自杀的诗人，他长大之后摆脱不了童年被抛弃的阴影，度过了艰难的一生，临死之前还拿着妈妈的照片在看。

可见，每一种选择都不是完美的，也藏着另一种痛苦，我们只能在残缺中承担自己的命运。不是不痛，而是在确认自我的前提下，尽可能选择能承受的痛苦。

在成为自己的路上

我看到过这样一条微博："父母们一定不懂我们的‘累’，我们的‘累’不是干农活儿，不是上班加班的那种‘累’，而是那种对未来困惑迷茫的‘无力感’，是每时每刻都走不出来的那种‘累’。”

这让我想起了这部电影的名字——“the hours”，说的是一种“时时刻刻”的精神危机，一种内在的切肤之痛。

这种切肤之痛，是身为人类都会有的。特别是现代社会里，尽管物质丰富，人们的无意义感却更重了。

从某种意义上说，现代生活里有一种设置，是把人们的视线拉到物质层面和技术进步上，对人的意义等更深层次的精神危机却避而不谈。

如果你试图感受的话，今天你在生活中感知到的那种啮噬人心的抑郁或者焦虑却无时无刻不是一种追寻意义的存在性精神苦闷。

这些都是随处可见的：

可能是一个中年人，一切正常，每天回家之前，都要在车库里坐半个小时。

可能是一个青年人，上瘾性地熬夜到深夜，“偷”来一点点真正属于自己的自由时间。

或是一个看起来拥有幸福家庭的妇女，做完家务后，面对着空虚、无意义的郁闷和茫然，

…… ……

看起来是我们在应对着现实世界，但庞大隐秘的精神世界却主导着一切。我们无法彻底了解、解读人生的真相，这时候，我们内心深处就会产生焦虑和恐惧，这时候，你和宇宙是对立的，没有联结的，只有自己被隔绝在自己的孤独里，甚至无法向最亲密的人描述。

那种感受就像水没过你的脖子，令人窒息，无法解脱。从这个角度讲，每个人都像溺水了。

现代社会比以前更加充满变化和无常，在各种不确定的处境里，没有任何法则是绝对可靠的真理，并且可以作为指导标准，我们要为自己的生活、选择，以及行为负上全部的责任。

这是一个太大的、沉重的自由，也带来无意义感的追问。

然而，这个有关意义的精神危机，迟早要被回答，这个选择也迟早要做出。

心理学家弗兰克尔说过："寻求意义是人最基本的动机，我们生活的目标就是寻找意义。"人生既不存在一个生来就确定好了意义，等着我们去实现或完成；我们也没有任何成功的榜样可供借鉴和参考；我们不得不接受生命一开始就没有明确的意义，我们必须在一段不确定时间和经历的人生中去摸索和创造属于自己的独特意义。

当你感到痛苦的时候，或许，那一刻也是你面对生命真相的时刻，那里有一个焦虑没有被回答。

穿越道德层面和功利层面，还有一个生命层面的选择，有一天你不得不做，必须做——那个选择不是没有痛苦，而是你作为人必须选择你独特的自己，并且付出代价。

从这个意义上来说，这部电影给了我们一个警示：回应生命本真的问题，才是人的解脱之道。而这种回应，是通过现实生活的具体选择来做出的。它不在精神楼阁里，最终要在生活中给予回答，是爱一个人，离开一个人，还是选择承担目前的孤独，接受下来，每一种都可以，关键是你回答了"自我意义"这个问题。

这样看来，那种时时刻刻都在自己的精神处境里感受孤独的存在状态，渴望自由而不可得，其本质实是人在面临“选择”——因为这个选择是在世俗生活的层面之外，在生命层面来做的。那个选择可能重大到为世俗所不容，但是不做出这个选择又不足以回应你内在感受到的问题。

这是一个面向真实的挑战，你是承担自己的命运，还是选择属于自己的人生，这种人生不是没有痛苦，而是虽然痛苦，但是你甘愿承受。

好在这部电影里的所有人，最后无一例外地去面对真相，去回应生命层面的选择。它让我们看到一种可能性，在看不清生命真相的时候，我们也要勇敢地回应自己此时此刻的内心感受，去展开自己的人生。

在这个意义上，就连“死亡”也不再可怕。是的，如果你能成就你自己的自由，你可能连死都不会怕的。

英国诗人托马斯·哈代说过：“如果有一个更好的办法，那就是看尽所有的糟糕！”

但愿你在这部电影“所有的糟糕”里，也看到属于自己的可能性。

人生没有白走的路，每一步都算数

有时候，鸟儿的啾叫，
或枝叶间的风嘶，
或远方村舍的犬吠
都会使我谛听良久，陷入沉思。
我的灵魂被唤回
湮没已久的千年之前，
鸟儿与呼呼的风
似与我有兄弟之缘。
我的灵魂变成一株树，
一只兽，一缕云丝。
历尽了沧桑变化，又回到我身边，
向我问这问那。我可怎生得知？

——[德]赫尔曼·黑塞

《冈仁波齐》这部电影是导演张杨的作品，历时一年，剧组跟随磕长头去朝圣的人们拍出来的，网上评分 9.0。

影片的开头太像纪录片了，就是极其琐碎的高原生活细节：一群人围着昏暗的灯光吃饭；一会儿停电了，女人们纺线，男人们去修电；一会儿来电了，有人去牲口圈牵牛，走过村口碰到熟人打个招呼，在放羊的地方席地烧壶茶喝……

这时候，观众多数还留在自己的世界里，不免用一贯的不耐烦问："他们到底要干什么？"这就是我们被美剧、大片训练出来的思维，三分钟一个爆点，五分钟一个笑话……然而，这部影片缓缓而来，好像就是"决心"按自己的节奏走，带你进入它自己的世界：

杨培是尼玛扎堆的叔叔，杨培的哥哥刚刚过世，老哥俩一辈子的心愿就是去拉萨朝圣，然而没有去成，杨培决定不再等待，趁自己还没死，去拉萨朝圣，完成哥哥和他自己的心愿。

村子里有几户人家听说他们要去朝圣，也纷纷决定加入，他们是：一个年轻的孕妇和她的丈夫、一对去年修房时死了两个工人因而背上债务的中年夫妻和他们 9 岁的女儿、一个因宰过太多的牛而自觉罪孽深重的屠宰专业户，以及一个残疾的少年……每个人都带着自己的故事和救赎的希望。

出发：风餐露宿，你为什么要做这件事？

《冈仁波齐》这部电影没有信仰的大词，只有一群人，一路走，走几步就五体投地匍匐在地，再爬起来，走几步，再倒下，大人、小孩、男人、女人，真心实意地发愿要把头磕出大包，一磕就是一年。

这群人什么都不做，不操心上班，不操心收入，不操心盖房子，就认为重要的事情只有一件——朝圣。他们白天磕头、晚上随地扎营休息念经。

在盘山公路的一角，隔着屏幕远远看到夜幕下升起了炊烟，听闻阵阵经文之声，就像受到了远方的邀请，心安静下来，感受这凡胎肉身在限制中所做的最不平凡的选择。

每个人都有沉默的故事，但他们的外在却是风尘仆仆，肮脏的衣服、头发，油腻腻的帆布帐篷，然而也是这群人，一直在严肃地念经和磕头，在一种矛盾、对立又奇怪的和谐中，你会欣赏到一种独特的美。

在城市里，我们有复杂、丰富的外在世界，我们的注意力都被牵引到外部，内在却非常虚弱，变成了外在世界的囚徒；

而在西藏，大自然永远是静默的雪山、草地，这恒久壮美的风景让你不得不与自己的“内心戏”待在一起，风暴、太阳、大雪、大山、大河……哪个都比你大，哪个都比你活得久，不像城市中充满人造之物，总以为自己是最大。

“天地大美”和“天地不仁”这两句话不知怎的交相出现在我的脑海，它们就像是高原生活的一体两面，因为比你大，所以比你恒久、比你美，所以自然会在心里生起信仰。

生命中如果缺少比你大的、恒久性的东西，不与之产生关联，以抵消我们内在的不确定，我们就会感到生命的空虚。弥漫在城市周围普遍的无意义感，也许正和短暂的实用主义相关。

什么是比你个人更大，你却愿意为之献身的？即使风餐露宿，也在所不辞？

那黄昏日落念起的经文也许不是必需的教规，而只是你自愿向它张开的双手，放弃肉体的利益，获得心的收益。

无常：承担，是一种生命的姿态

我花了很多年才确认自己应该去做职业写作这件事，几乎是从大学到工作十年之后这么长的一段时间。我一直在拖延，在逃避。因为首先，写作并不赚钱，也许根本养不活自己，更无法带来职业荣耀，甚至无法让父母放心。其次，这件事因为需要有点艺术天赋，我怀疑自己有没有天赋，万一我误会了自己，把爱好当成了天赋，那该怎么办？第三，我也有点害怕每天起床就要面对的空白稿纸，我的生产工具只有我自己，如果我并不值得信赖，如果我半途而废、情绪崩溃……那该怎么办？

无法诉说的恐惧，使我一直拖延。因为不上路，就不会失败。

《冈仁波齐》有一幕：半夜里，帐篷里的孕妇忽然阵痛发作，要生孩子了，我听到旁边的陌生男人从喉咙里低声地发出一句“操”。我理解他的意思：“要去磕头走那么远的路，孕妇去什么去，这不是添麻烦吗？”

对呀，这是我们现代人的思维，你要做一件事，起码不要设置一些预料中的麻烦吧——显然，我们是为了一件事的成功率而做，而他们是因为想做就去做，他们不怕麻烦，孕妇要去就去，“朝圣是一件很好的事”，他们都这么说，所以接纳一切路上的无常，没有对抗。

孕妇把孩子生下来后，又回到磕长头的队伍里去磕头了，孩子就放在拖拉机上，她时不时去给孩子喂奶。

孩子来了就来了，然后我们也要磕头、前进。

因为一件事成功率高、麻烦少而去做，还是因为认为一件事本身有价值去做，然后决定承担路上的一切后果，这是两种不同的态度。

庄子所说的做事的“机心”，意思大概是人们启用后天的自我保护本能，用生存机制去谋划某些事情，趋利避害，看似聪明，实则愚笨。

因为人生无常，人无法预知随时而来的困难，有时候你只是自欺欺人地以为未来可以预期，但你却因为这点小安心，而蒙蔽了自己内心的真我。

顺遂天性去做一件事，好像有时候是比较笨，完全不符合趋利避害的利益原则，其实这是最省力的路径，它没有内耗，它让你身心合一，随时安心，来了什么就接住什么，你只负责往前走。

这是隐蔽的心的利益，简朴归真，人性归位。

承认自己是自然的一部分，就能最大限度地顺势而为。唯一的问题就在于你这心猿意马、控制欲极强的“小我”，敢于随心而动吗？

这也是我职业上的一些感触，放开恐惧，去做生命中你认为最重要的事，本身就是幸福的。你必须心甘情愿对自己说，即使不够光鲜，即使每日不安于从头面对空白，这也是我要承担的命运。

和平：无私无畏 只是赶路

在路上，朝圣队伍的拖拉机被后面一辆小客车给撞了，司机下来真诚道歉，并解释自己车上有两个游客，因为缺氧，两个小时内不送到拉萨，他们就会窒息而死，所以是一时开快了。

尽管车头被撞得稀巴烂，朝圣者们却说："你们快走吧。"他们选择自己承担后果，卸下车头，男人们拉着车厢走一段，女人们磕长头跟随，然后再由女人们守着车厢，男人们跑回刚才拉车的起点，磕长头磕到车头处，如此循环。这样，他们旅程的后一段，其实走了双倍的路程，但是没有人说什么。没有争吵，没有抱怨，没有任何多余的话，只是往前走。

他们还会在路边遇到很多一样的朝圣者，这些朝圣者互相招呼着过来喝杯茶，聊聊为何而来，走了多远。他们遇到一对夫妇，丈夫磕长头，妻子拉着板车，车上带着行李，车后拴着驴子，问为什么不让驴子拉车，丈夫说妻子舍不得驴子受累，她把驴子当家人看待；他们还遇到邀请他们来家里借宿的老爷爷；甚至他们还遇到一个村庄的春耕，并且停下来帮了他们两天忙，再上路朝拜。

他们朝圣，却并不着急走到拉萨，每每停下来帮助别人，处理自己遇到的困难，这本身就是一个朝圣的过程。

在城市人的眼中，这些人一路走来，随地扎营，少吃少穿，简陋得难以想象；另一方面，你常常又觉得他们充满了人的美感，也有菩萨的庄严。

比如：磕长头的时候，他们遇到一条小溪，停了下来，其中一个人问："怎么办？"另一个人说："过。"于是一群人就毫无顾忌地往水里扑，磕着长头，站起来又往水里扑……溅起一屏幕水花，真是说不出的感动。

逢山过山，逢水过水，我们只是赶路，这样的单纯一心，无私无畏，是真的天真烂漫。

回头想想，人们为了工作和生活，常常斗狠比怨，电视里各种婆婆妈妈的劝架节目，新闻里各种自作聪明的蝇营狗苟，人们衣冠楚楚，名牌加身，头衔光鲜，你却丝毫感觉不到他们的平静，只感到他们焦躁成一团。

影片中，扎扎的父亲盖房子时发生意外，导致工人受伤死亡。为了赔付医药费，他背上了 20 多万的债务，他一直在追问 :“老天有时候是不是不公平，我的爷爷什么坏事没做过，我的父亲也没做过坏事，我也没做过坏事，为什么这些事发生在我身上？”

他遇到坏事，先想想自己是不是做过坏事，如何救赎自己，而不是埋怨他人的不公。

这是一种完全内倾的活法，也不是我们惯常的思维方式。他们不是不谙世事，而是不再计较，不再追究，把别人想得更好一些，愿意理解对方的立场，选择承担自己的责任。看起来傻傻的，其实是选择了心的安宁。

影片中有两个场景，震撼人心。

一个是在高高的大山风口，一大片彩色的经幡随风舞动，朝圣者把彩色的纸片扔向天空，那是影片中最色彩斑斓的一个画面。这群艰难匍匐的人，过着微不足道、艰难求生的生活，却把最美丽的色彩撒向了天空和信仰。这是他们的价值选择。

另一幕是在米拉山口，朝圣者拖着沉重的车厢，往上爬坡，过了这个山口，马上就要到拉萨了。一群人欢乐地，也是给自己鼓劲，唱起了藏地歌谣：

“我一步一步向山上走，雪一片一片往下落。
我一步一步向山上走，雪一片一片往下落。
在雪花与我约定好的地方，我想起了我的母亲，
我们都有同一个母亲，但是命运却不一样。
命好的那个做了喇嘛，命不好我走向远方……”

在他们看来，只有安放内心才是幸福的人生。

马斯洛说：“知道自己想要什么，并不是一件稀松平常的事，那是一项罕见的、难以达成的心理成就。”

知道自己想要什么的那一刻，人的心就安定了下来，好像是一种回归，一种照见。因为我们的内心像孙悟空一样有七十二变的心猿意马，如果用自己肉身的易变去承担困惑、挣扎，走向恒定，不是了不起的成就是什么？

影片的最后，杨培死在了朝圣的路上。一群人安葬了他，再上路。雪白的圣山底下，他们渺小而虔诚地匍匐，再起来；

匍匐，再起来。画面久久定格在遥远雪山之间，直到灯光亮起。

电影《冈仁波齐》的英文名字是“paths of the soul”（灵魂的道路），它告诉人们，真正的勇气不是走向远方，而是回来，勇于面对内心如旷野般荒芜的质朴，选择做好生命中最重要的那件事。

任何成熟的心都曾经想去死

一个人一旦决然地明白了生存与否是自己的选择，就会到达要么有理由活着要么没有的关口。模棱两可结束了，选择继续活着——选择生命——就成了创造自己生命意义的前奏。我们选择继续活着是有理由的，即使这个理由没有多明确具体，仅仅是“我不想死”而已。

——[美]丹尼尔·克莱恩

《每当我找到生命的意义，它就又变了》

抑郁情绪古已有之，人人都感受过。但抑郁症却是被载入精神疾病诊疗手册的一种精神疾病，在谈抑郁之前，我想我们应该区分二者。

抑郁症与抑郁的分野在于，是否影响到社会功能，是否持续对人的情感意志造成困扰。

我想谈的不仅仅是已经成了精神疾病的抑郁症，而是为什么越来越多的人会说自己抑郁了，抑郁情绪为什么成了我们精神生活的底色？应该如何看待它？

正常、优秀与恐惧

有一部电影叫《维罗妮卡决定去死》，讲述一个抑郁症患者自杀的故事。影片一开头就是一个女孩子拿着药瓶，各种各样的药片摆了一桌子，然后一仰头全部吃下——她决定去死。

维罗妮卡是一个优秀的女孩子，她有姣好的面容、从小到大都上名牌学校，身边都是优秀的人，毕业后找到一份年薪很高的工作，住进高级公寓，衣食无忧，可以说是同龄人中的佼佼者，她的父母也一直以她为骄傲。

然而，她却是一个抑郁症患者，她的脑海中不断出现一些闪回，画面是她中年成家了，有稳定的家庭生活，乏味的日子永远无法逃脱，像大多数人一样，无比正确地、令人窒息地过下去……她找不到人生的意义，只好去死。

什么样的人生是有意义的？很多年轻人都在问这个问题。他们也正在过着维罗妮卡的生活。他们从小就被告知要按照一个标准的中产阶层模板去生活：18 岁考上重点大学，22 岁毕业，进入世界 500 强，二十七八岁要谈什么样的恋爱，结什么样的婚……在彩虹合唱团的歌词里，年轻人说："亲朋好友们恨不得我毕业就结婚，结婚就生娃，一次还生个龙凤胎……”

一路优秀，然后呢？所以说抑郁很多时候是中产阶层的标准病，爆发于好像什么都有了的时候。

心理学上的假性自体，是指我们在与人的交往过程中，有一个理想自我的样子，我们不是用真实自己的喜怒哀乐在与人交往，而是在用我们认为别人希望看到的样子生活着。假性自体是一种人格面具，戴着它生活久了，假的人格也就跟真的长到一起了。

假性自体似乎是文明的代价。高度畅通的社会信息渠道，意味着高度融合、统一的价值观。别看今天网络上的信息流那么大，但观点却几乎空前贫乏，且信息的传播标准高度统一，因此，我们对事物的理解和判断是一致化、粗暴化、简单化的。

所以，对于生活的选择，你以为你可以做自己，但是你不知道自己已经被融合到那些思想潮流中了。在古代，你可以在穷乡僻壤做一个隐士，有自己的一套价值观，然而今天，已经没有信息覆盖不到的地方了，你毫无意外会被卷入舆论和评价之中。所谓普通人不过是亦步亦趋的人，没有选择，只是跟随，却往往又不甘心于千人一面。

以牺牲真实为代价的社会认同是如何形成的？因为文明要求一个高效运转的社会，所以组织化、一致化应该被放在前面。代价就是每个人都无限趋同，不能活出内在的不同，别人认为正常、无聊、理想的生活，有些人刚好喜欢，有些人却感到窒息。

现代社会无法提供存在的意义感，其实是让人落进了文化危机中，一切都在世俗化，精神价值是空置的。

这也就是徐凯文老师所提出的“空心病”，很多人的抑郁情绪就是跟真实自我的失联，是价值的失落感。他们中很多人是优秀的学生、优秀的白领，他们是既得利益者，同时也是对自己的内在一无所知的人，内在生命力正在枯萎的人。

理想的丧失感

影片中，心理医生在一次治疗中对维罗妮卡说：

“在现代社会，大部分人都用恐惧代替了他们所有的情绪，每个人都有梦想，但只有很少人能实现它们，这让没能实现的人都成了胆小鬼。”

维罗妮卡问：“即使他们觉得当胆小鬼是他们的权利？”

心理医生点头答道：“尤其是这样，如果每个人都实现了梦想，这里（指精神病院）就空了。”

抑郁的原因有一部分是由于意识到理想的我跟现实的我之间有距离。

强调个人奋斗，高估梦想的意义，无情地贬低平凡和失败者。这也是一种普遍存在的生存氛围。

现在的年轻人压力很大，一个孩子可能中学的时候成绩门门优秀，大学毕业之后却成了蚁族，怎么奋斗也买不起大城市的一套房，最后他终于意识到自己可能一生也达不到理想中的成就，他就陷入了一种无力感。即使他觉得自己只想平淡度日，但是需要多强大的心脏才能摆脱成为失败者的恐惧，恐怕只有修道才行。

西方文明带来的全球化浪潮，强调的就是个人英雄主义，以欲望为原动力，强调梦想和自我实现，每一天，我们都能听到财富新贵的神话，但是贫富悬殊使很多人注定无法实现梦想。这加大了我们对自己的不满，尤其是看到社交媒体上理想阶层的人们晒出来的生活时。

这种对自我的不满，对未来的焦虑，一方面让社会的暴力事件增长，人们把压抑向外发泄，对愤怒的耐受度和宽容度下降，很容易一言不合就使用暴力；另一方面就是自我攻击，把对失败的恐惧变成自我压制和自我否定。

从根本上说，这也是一种死亡焦虑，如果不能完成自我，那我是谁呢？这种缺失感，其实在潜意识里很难摆脱。

失控与对失控的焦虑

维罗妮卡的父母来精神病院探望她，他们非常担心，一直说着她从小如何优秀，一切都很好，想不通她为什么会自杀，一直央求医生尽快治好她，让她恢复“正常”。

医生说道：“首先，您女儿想要自杀，这没什么让你们感到羞耻的。在这个社会里，我们一直寻求快乐，但如果我们不快乐，我们就会觉得无助，就会觉得很失败。”

维罗妮卡父母代表了很多人的想法，对于精神世界的失控，我们有更强的恐惧感。如果是生理疾病，好歹我们觉得身体是客观的，可以不受我们控制，而精神世界的失控却给我们带来一种无力感，一种不正常的感觉，一种深深的羞耻感。

有时候，这种羞耻感才是抑郁的来源。正如你失眠的时候，如果你不是总想着自己会失眠，为失眠而焦虑，其实会更放松，正是想到“我失眠了”，这种焦虑才更让人睡不着。

焦虑本身就是对失控的恐惧。因为羞耻感，无法对外人言说精神的失控，使得情绪更加低落。

如果你抑郁了，不断对自己说“快好起来吧”，这只会把你推向更加孤独的境地。

聪明人与环境的和解

有一次，维罗妮卡的情绪爆发了，她直接攻击心理医生，对着他大段地表达了对这个世界的失望，或者说贬低：

“我讨厌你那张烂桌子，讨厌你那双奇丑无比的袜子，还有那可笑的袜子，我讨厌被锁在这个鬼地方的所有人。”

“我讨厌我的父母，倾其所有把我困在这个动物园（指精神病院），天哪，他们真应该好好为自己活一次。”

“难道这就是来这儿的目的？要和别人都变成一样的？我讨厌办公室里那群自以为钱能抬高自己身价的蠢货，我最讨厌的是地铁里那群行尸走肉，因为他们已经忘记自己所有的梦想，或是忘记他们压根儿就从未追逐过梦想。”

从向外表达愤怒开始，她实际上已经找回了自己的一部分力量感。从这段话中，也可以感受到她是一个拒绝趋同的人。换句话说，或许比较有理想、比较灵敏的人，才能够敏锐地觉察到正常人觉得正常的生活是有些问题的。

正如很多受抑郁困扰的人，他们本质上是敏感的、追求完美的、有理想的，维罗妮卡对生活有抽丝剥茧的洞察力，却还没有找到与环境和解的方式，她一度怀疑一切，并被这种无意义感打败。然而，这不是“缺陷”，从另一种意义上说，这也正是她建构自我的过程，打破，然后重新找到缝合自我与世界的方式。

心理医生给她讲了两个故事，帮助像她这样敏感的人与世界和解：

故事一：纪伯伦写的一个寓言故事，一个巫师在一个国家唯一的井里下了毒，全国的人都喝了井水，只有国王没有喝。全国的人都在谈论自己没有疯，而是国王疯了，于是人们就要废黜国王。后来，唯一清醒的国王也只能喝下井水，全国的人和国王一起庆祝国王不疯了。

故事二：第一台打字机被发明出来时，键盘是按照字母顺序排列的，后来一个人在打得很快时，键盘就卡住了，这个叫斯科尔斯的人就发明了标准键盘，强制性地让人打字慢一点。

心理医生说：“现实是大多数人认为它应该是什么样的，现实不需要最好的，或者合理的，只需要满足社会的整体需求。有些事是通过常识来改变的，但其他事就要靠后天来改变，直到越来越多的人认为它本应如此。”

这里提出一个问题，抑郁的人有“获益”吗？如果说深层心理上有的话，那就是“众人皆醉我独醒”的存在感。有些人虽然身陷抑郁之中痛苦难受，潜意识里却在追求关注，追求自我的存在感，所以不知不觉好像也把抑郁变成一种无力自拔的需要。

所以说，有时候聪明的人容易抑郁，也是因为过度灵敏，不想和别人一样，却没有找到一条与环境和解的道路。

心理医生的这两个故事想要说明的是，有时候社会有自己的运作方式，这是千百年来群体达成的共识，没必要去挑战它。在平均水平上生活，人们是有安全感的，而做少数派是需要付出代价的。

什么是真正的自我建构

影片中有一个场景，是一个灵性导师来到精神病院中，给他们做冥想疗法，他说："从无法与人沟通的角度上说，所有人在某种程度上都有精神病。"

这句话是一个隐喻，抑郁不仅仅是一种情绪，它代表一种普遍的无法沟通的生存困境，只是抑郁更能让人产生无力感。

只是社会文化把这种情绪命名为"抑郁"，把它定义为"失败的、不快乐的、失控的"。只要在这层焦虑之上，无论我们如何与抑郁相处，都是被它控制的。因为我们对抑郁已经有了先入为主的看法。

在这个追求强势、掌控和成功的社会中，我们非常不容易爱自己，也不容易肯定自己，这样会导致向内的攻击和无力感，而我们又会给它一个名字叫“抑郁”，这个命名又会让我们在恐惧中更加否定自己。

爆发的抑郁情绪，或许不应该是病症，可能正是对我们的“提醒”，是对我们当下生活的矫正：现代人已经活得如此理性，趋利避害，而搁置着心的利益，直到无力、愤怒无处爆发，在潜意识中剥夺了我们对生命的真正渴望。

我有个假设，如果这个社会 80% 的人都在做文明世界里的正常人，那么自觉抑郁的那 20% 的人就是代替我们承担着对文明的追问——我们是谁？我们今天的生活是对的吗？

这种蔓延的抑郁情绪不应被视为一种病症，而应被看作一种需求。

影片中，心理医生用一个善意的谎言来治疗维罗妮卡，他谎称维罗妮卡得了不治之症，将随时死亡，因为“大部分要自杀的人，都会重复尝试直到成功，所以，我冒险对她撒谎了，我决定用她来测试我唯一有信心的疗法——生命的认知”。因为他相信有一天，只要维罗妮卡在任何一个医生那里得到自己健康的消息，就会“把活着的每天当作奇迹”，而不再纠结于死亡。

命运在这时候也帮了维罗妮卡一把，她在精神病院无意中遇到了真挚的爱情，对爱的渴望让她重新确立了生命的价值，重新见到了生命的日出，这也证明了心理医生预设的治疗前提是非常重要且本质的。

北大心理学教授徐凯文老师也曾经在《这个时代的空心病》一文中说到这样的例子：

一个非常优秀的北大同学抑郁了，并且有非常具体的计划想要结束自己的生命。徐凯文老师给他讲了北大未名湖畔的蔡元培雕像的故事。蔡元培是北大最重要的校长，多年间，他的雕像前都有一道风景，就是一年四季都有不知名的人在那里献花。也许是路人，也许是师生，也许是游客，他们会在蔡元培先生的雕像前敬奉鲜花，并写上他们内心的感受。这是一座雕像，并不是他的坟墓或纪念碑，为什么一年四季都有人献花?

徐凯文老师说，这是不忘本心。本心是当我在做美好的事情时，当我在做正确和友善的事情时，我内心的自我是快乐的；而当我在做一件不那么道德的事情，或者我在做一些伤害自己或他人的事情时，内心会有愧疚感。

上天有“好生之德”，当他跟这位同学谈论这座雕像和鲜花的时候，那个同学当时说了三次“我非常感动”。当他在自己的学业和未来何去何从的具体纠结中找不到人生意义的时候，他从未想过除了那些他应该做却不想做的事情之外，应该有更大的视野，应该找到本质的生命活力。

生命认知的价值疗法，即人人内心都有对价值和美好的渴望。没有对生之意义的正向体验，人不会爱自己、爱生命。这或许就是我们从中得到的最大的生命真理，也是带领我们走出抑郁的重要一步。

让人不再痛苦的秘法是什么

如果克娄巴特拉[1]的鼻子是歪的，世界的历史也许会因之而发生变化，这是大名鼎鼎的帕斯卡[2]的警句。然而情人大都是不顾真相的。喏，我们的自我欺骗，一旦陷入爱情，就会成为最彻底的自我欺骗。

——［日］芥川龙之介《罗生门》

很多年前的日本，一位老和尚即将圆寂，他对座下垂手站立的徒弟说："我修行多年，但是身心依旧痛苦，无法解脱。你一定要去到大唐，把无上秘法带回来。"

1 克娄巴特拉（公元前69—前30年），古代埃及女王，公元前51年继承王位，后被逐。公元前48年成为罗马政治家尤利乌斯·恺撒（公元前约100—前44年）的情人，得以恢复王位。恺撒死后与罗马帝国三巨头之一安东尼（公元前82—前30年）恋爱，安东尼在阿克兴海战中失败后，追随安东尼而自杀。

2 帕斯卡（1623—1662年），法国宗教思想家、物理学家、数学家。

说完，师父悄然圆寂。

这个年轻的和尚走出山门，化身背包客，穿越海上恐怖的暴风雨，历经磨难，来到了当时世界上第一大城市——唐都长安。

长安第一法师惠果是他仰慕已久的人，他却始终不得其门而入。

后来宫中发生怪事，他被当作驱邪大师，卷入了繁华、诡异的妖魅故事之中。穿越了生死谜团的他，领悟了“让人生不再痛苦”的无上秘法，最终怀着至深的感触，走进了惠果大师为他敞开的大门……

这个法师就是日本历史上著名的空海法师。陈凯歌的电影《妖猫传》，就是以空海法师和白居易的视角，不断追踪妖猫与前朝贵妃杨玉环死亡之谜的故事。

影片中的空海法师，嘴角时时浮现一抹邪魅的微笑。面对幻术和复杂的棋局，他既云淡风轻，又像一休哥一样认真老练；他说自己找到了“让人生不再痛苦的无上秘法”,但没说是什么，只说这秘法“就在杨玉环生死的谜团”里……

有中之空：盛极而衰

“云想衣裳花想容，春风拂槛露华浓”，张雨绮饰演的唐朝仕女被妖猫附身，在屋檐上对月吟诵，真是美妙无边。

这是妖猫在怀念当年杨贵妃的美貌。

美本身就是一种权力，而至美和至高无上的权力结合在一起，就形成了征服一切的能量。

唐玄宗为了让全世界都看到杨贵妃的美，也为了彰显自己的权力，他给杨贵妃造了一个超级豪华的秋千，办了一场超级豪华的“极乐之宴”，让贵妃的美摇曳生姿，使得万国来朝，万民敬仰。

这一幕在陈凯歌斥巨资打造的盛唐长安城上演，美得堪称梦幻。

唐玄宗代表了人欲的极点。他的气魄来自他的至高无上。他不把任何人放在眼里，即使看到别人向杨贵妃表白，他连嫉妒之心都不会有。同样，他即使知道安禄山有叛乱之心，仍然亲自击鼓迎之。他“涵括”一切，只因他在人生巅峰尽享气象万千，笃信自己有包容一切的能耐。

这也就是唐朝的气象。

然而，中国古典哲学认为，盛极而衰。繁华背后潜伏着危机，极乐的另一面就是极苦。果然，叛乱袭来，不可一世的唐玄宗也只得逃亡，皇帝也是凡人，千钧一发之际，人性恶的一面就显现出来了。唐玄宗决定设计赐死杨贵妃，而杨贵妃明知是死路一条，也只能欣然接受。

翻云覆雨，社会如此，感情也是如此。极度的爱恋背后就是极度的恨意。目睹了皇帝对贵妃的薄情，痴情爱慕杨贵妃的少年白龙将灵魂附着在猫的身上，几十年后前来复仇，才演绎了这一段妖猫传奇。

人们在苦海中容易舍离尘世、立地成佛，而在拥有一切美满的时候，却很难不狂喜到膨胀，忘记人生“如梦如幻似泡影”的本质。

佛门有一门功课是修习白骨观，即把人不断观想成白骨，以此来提醒自己放下，远离颠倒梦想。

这是“有中寻空”，是哲学，也是美学。这条暗线在影片中一直有诸多细节与之对应，比如陈云樵家里的枯景和荣景对照，繁华茂盛和荒草丛总是交错变换；妖猫也总是把杀人放在宴会中，选在最喜乐之时；而当杨玉环和失足妇女各自中蛊的时候，花容月貌竟然一夜之间溃烂，变成了恐怖的蛊虫之巢穴……影片以对称的方式，试图展现生命本质里的荒芜感，一荣一枯，转瞬之间。

空中之有：亦幻亦真

然而，是否一切至美皆为虚幻，毫无意义？那人生岂不是要陷入空无之中？

影片中频繁出现的幻术，也值得一提。首先是路边瓜农表演的幻术，在路边撒下种子，让人们看到种子发芽、散叶、开花、结果的全过程，最后瓜农拿出一个西瓜切开，送给了围观人群中的空海法师，瓜农对他说："你没有中术，你看出来是假的。"

结果走着走着，这个西瓜在空海法师手上变成了鱼头，他双手都是血，他让白居易帮他把鱼头扔掉，结果白居易却拿回来小半个西瓜，说："扔掉的时候怎么又变成了西瓜？"这时候空海说："我还是中术了。"意思是，原先他以为幻术完全是假的，什么都没有，没想到那个变出来的大西瓜里有真的西瓜。

这正应了后来瓜农告诉他的一句话："幻术里也是有真相的。"

同样地，白居易一开始写《长恨歌》就被妖猫盯上了。妖猫想尽一切办法，引导他查明真相，告诉他杨玉环其实是被皇上谋杀的，皇上和贵妃不是如他诗里所写的爱意绵绵。他想让白居易重写《长恨歌》，重修历史。

随着杨玉环之死的揭秘，知道真相的白居易很痛苦，因为他费尽心血，在寒夜里字斟句酌所写的诗到头来要全部推翻。而且更令他痛苦的是，他心中的女神竟然死得如此悲惨，不但没有真爱，死的时候还带着无尽的痛苦。

对白居易来说，这是人生观的幻灭。

然而，对他这么一个翩翩少年来说，深度经历人生真相也带来对人生真相的更深领悟。因为在杨玉环的生死揭秘中，他也同样感受到了白龙痴恋杨玉环的一片真心，白龙化作妖猫守候杨玉环，那份情感天动地。

最后他对空海说，《长恨歌》他打算一字不改了，原因是诗歌里的人物可以是假的，感情却是真的。他说，唐玄宗就是白龙。这代表他已经从表面的生死、真假之执着中走出来了，又走回了“看山是山”的境界。

空中并非一无所有，陈凯歌想要告诉人们的人生哲学是，真假也是虚的，关键是要选择自己的真。

这更多在杨玉环身上体现出来。

虽然美是至高无上的权力，美女却是一颗棋子：兴盛的时候是国家的象征，衰败的时候成了红颜祸水。在逃亡的途中，杨玉环知道自己难逃一死。最后一次见到日本追求者阿部，尽管对方提出要带她走，但她拒绝了这个逃亡计划，却提出了唯一的要求，要求阿部对自己表白，她对他说道：“我想要拥抱一切美好。”

在杨玉环临死前的最后时刻，她明知尸解法是骗局，还是把绣着自己名字的贴身香囊送给了唐玄宗，表达内心的爱。

作为乱世中的女人，她脆弱得像一朵浮萍，无法决定自己的命运，但又强大到能够接受真相，拥抱仅有的温暖和爱。相反，天子却是脆弱的，他的至高无上的另一面就是被架空的骄傲。贵妃看透了真实，没有否定一切，也没有选择恨，而是把真实存在过的感情当作人生的极致意义。

这正是人生的“空中之有”，是建立在真正对真相的理解之后的一种主动选择。从这个境界上来说，杨玉环不愧是真、善、美的象征。

人生的虚虚实实和假中修真

空海大师从日本远渡重洋来唐都的路上，曾遭遇极恶劣的海上风暴。当风浪袭来，所有人的惊恐万分，而他却见旁边一个妈妈抱着熟睡的婴儿神态自若，他问：“你不怕吗？”这个妈妈说：“只要我的孩子睡着了，我就觉得安稳。”

这个镜头一闪而过，极易错过，却充满禅意。狂风暴雨的世间自是一种真实，但更大的真实是内在的真实。

最重要的是，人们选择的内在真实决定了他们眼前的世界。

影片中，白鹤少年之一的丹龙一度被迫作为父亲的棋子、帮凶，感到对人世信心全无，经历了价值观崩塌后，他离开了父亲。

这是他的“破”。

离开之后，丹龙一直在暗中保护父亲白龙，保存着他的肉身，丹龙教他看到自己的美好和在人世间得到的温暖，并且最后点化妖猫，救赎了白龙的灵魂。这说明丹龙也走出了对人生的否定，在重拾美好和希望中有了自己的“立”。

丹龙,其实代表的是初心。这从他的名字也可以看出“丹”,代表赤诚,赤子之心。而白龙的“白”,代表纯洁,对爱的执着,只是这种爱的执着没有经过智慧和真相的升华，仍然有迷和执,所以容易变成它的反面“怨”，这就是妖猫的化身。

有人说陈凯歌才是中国导演里真正的“少年”，他一直在向我们诉说内心的“无极”，脱离了现实的善恶、美丑，超越一切的人生之梦。

影片的最后，黑猫死去，白鹤飞翔，怨念也随即消失，它飞向了一片光明之中。比起盛唐气象的美轮美奂，那个飞升的场景，更加浪漫动人，是全片拍得最美最理想主义的画面。

丹龙后来就变成了接引了空海的惠果大师。

而你是否注意到影片中的一个细节，在拯救中蛊的失足妇女时，空海在失足妇女的腿上画满了一个个神秘的符号，旁人问：“你画的是什么？”他答：“我画的是光。”

我个人无比喜欢这个细节，有光的地方，衰败散尽，重回美丽。少年的成长，正是人间最美的事。

那个“让人不再痛苦的秘密”是什么？或许就是历尽沧桑劫难，看山又是山，归来仍是少年，又找到了内心的光……

世界以痛吻我，而我报之以歌

正如创伤后应激障碍专家蕾切尔·耶胡达所指出的那样，记忆中的空白和可怕的记忆本身一样有害。治疗的过程涉及填补那些空白并纠正错误解释，以便记忆者不再需要经常避开创伤记忆，而是勇敢地体验它们。

——[英]查尔斯·费尼霍

《记忆碎片》

中国第一部公映的慰安妇题材纪录片《二十二》上映了，海报上写了四个大字——“深情凝视”。

这正是我对这部纪录片的观影感受：最深的痛苦，是无法言说的，只有凝视。

影片的大多数画面是静悄悄的，安静的村庄、无聊呆坐的老年生活，画中人、导演、观众一时都陷入失语状态。

平静的日常将我们带进一种流动中，我们观看着奶奶们真实的晚年生活，也沉默地注视着她们苦心经营了大半生才构建起来的平衡和平静。

正如导演所说，那些过去的故事已经不需要语言，只要陪伴，你就能触碰到深锁的脆弱和悲伤。

所以，很难用“好看”来形容这片子，这可能连完整的纪录片都不算，它就是一段影像合集，只是为了感知和铭记。

紧迫的是，这样凝视的机会也不多了。

郭柯导演拍摄《三十二》的时候是 2012 年，中国 22 万慰安妇中有最后 32 名幸存者。

到 2014 年拍摄《二十二》的时候，就剩 22 名幸存者了。

而这部片子上映时是 2017 年，她们只剩下 8 位。

影片中的老奶奶们平均年龄有九十岁了，作为创伤幸存者中生命力最旺盛的一部分人，她们幸存到了最后。

难以想象，活下来的这六七十年中，她们是如何平静、孤独地咀嚼生命痛苦，以何种强大的意志力推开过去，从难以逆转的创伤中求得生存的。

《大屠杀的见证：记忆的废墟》中总结战争给人带来的创伤时说：

“谁能为这些破碎的心灵马赛克找到一个恰当的墓穴？生活仍然在继续，但同时在向两个方向继续，未来仍然无法摆脱悲痛记忆的挟持。”

此时，死是更容易的，活着却更难……

这里有两个故事：一个是日常生活，另一个是过去的创伤。同时体验着内外两个故事，才是她们“活着”的真实，让人悲伤也敬畏的真实。

“那时候，眼泪都往心里流”

韦绍兰老人 1944 年被日军抓走，送到马岭慰安所。三个月后，她趁着给日本人洗衣服看管不严，找到小路逃出来。

可是，噩梦并没有结束。一回到家里，她就哭了，丈夫说她“到外面学坏了”。而就在丈夫不理解她的时候，她还发现自己怀孕了，是日本人的孩子。她试着喝药自杀，被救了回来。在别人的劝说下，她生下了这个孩子，取名罗善学。

这个孩子成了别人眼中日本鬼子的后代，一直被异样的眼光包围，没有娶妻，靠看牛过活。68 岁后，他开始担忧自己老了连倒水的人都没有，他说如果生病了，他就喝农药死了算了……

创伤是毁灭式的。

很多时候，生活的“正常感”是非正常的。相对安全的现在，以及废墟般的、一直存在的过去，它们都是生活本身。

受伤的幸存者极力试图把这些记忆清除出去，努力表现得好像什么都没发生过一样，继续生活。然而，这需要巨大的意志消耗，才能背负着这些恐怖的记忆，以及对自己脆弱的羞耻感活下去。

韦绍兰老奶奶对着镜头说："那时候眼泪都是往心里流。"

奶奶没读过书，这并非一句好听的形容，而是真实的生活感受。

1941 年，精神科医生卡尔迪纳（Abram Kardiner）出版了《战争创伤神经症》（*The Traumatic Neuroses of War*）一书，书中写道："创伤性神经症的患者保持一种长期的、对危机的警惕和敏感。"

"神经症的核心是真实存在的神经元"，也就是说，创伤后的应激反应并不是一种纯粹的心理问题，而是有身体基础的，是整个身体对创伤性事件都有反应。

案例中记载，有一位在集中营遭受长达数周折磨的幸存者，战争后再也不能说"我很渴"，因为一说"我很渴"，他就会产生和当年在集中营时同样的感觉，憔悴到丧失理智，快要倒下……

当感知力仿佛固结在创伤的时刻，哪怕是常人眼中普通的生活事件，也会带来情感冲击，这是我们所不能体会的。

而在种种危机的敏感中，人最最困难的就是直面无力感。

林爱兰奶奶是一位刚烈的女子，被日军抓去两年时间，她杀过日本鬼子，为抗战军队偷过日本的弹药。

即使只能靠椅子挪动身体，也在家里挂满了镰刀、水果刀，随时准备对付小偷。

然而，一说到自己的母亲，她却抑制不住地开始抽泣，母亲被日本人抓住，被绑起来，扔进了河里……

她痛苦地拭去眼泪，很久都没有说话。

人遇到困境，无法反抗，这样的无助和愤怒，会让你觉得“我再也不是自己了”，这是一种语言极难形容的感受。无法反抗会变成一个未完成的动作，固化在人们的身体里，让人无法释怀，也翻越不过去，最终成为沉默的隐痛。

也许你会问哪个才是她们，平静的，还是流泪的？都是的。

所有没有说出来的，都没有逝去，而是存在于内在的真实中。

面对最痛苦的经历，他们只能隔离自己的感受：“不说了，不说了。”

创伤其实是很难讲出来的。

灾难发生的时候，人们记得的只有所有的细节，但是说不出来。

所有的创伤回忆都是画面和感受先于语言的。

当脑海中的痛苦太强烈时，心灵会窒息到空白，完全无法用语言描述这么震撼的心灵感受。

科学家发现了大脑中的布洛卡区是语言中心，中风病人的这片大脑区域通常会因为中断而出现问题。如果布洛卡区不能正常工作，你就不能让你的思想和感情变成词语。

扫描创伤幸存者的大脑，我们可以看到激发起创伤记忆时，负责图像的大脑区域是亮着的。而布洛卡区在回忆到创伤事件的时候,通常是不能正常工作的。也就是说,当语言无力描述时，图像就会以噩梦或闪回的方式萦绕着我们的大脑。

那些记忆碎片独立于语言之外，持续将创伤幸存者带回到现场。

韩国老人毛银梅老奶奶试图回忆过去，说到被日本人抓走，她哭了，说："不说了，不说了。"

两次被抓进慰安所的山西奶奶李爱连也说："自从 17 岁以后，我再也没说过这些了。"

六七十年过去了，奶奶们可能是真的忘记了故事本身，但某些留在身体里的恐惧感受或画面却可能依然清晰，不然她们不会再次哭泣。

这种对创伤的无可言说，强化了无助感。她们隔离了自己的感受。

其实，多数时候旁人也没有准备好接受创伤，很少给予创伤者聆听的机会。

特别是从战争中活下来的老奶奶们还顶着"汉奸""日本

娘”的骂名，她们说不出口，也无处诉说自己的苦难。

然而，屏幕上，当九十多岁的老奶奶一遍遍说着日语里“请坐”“欢迎光临”这样的短语时，你又知道这些记忆真实存在。

“天上下雨路又滑，自己跌倒自己爬，自己忧愁自己解，自流眼泪自抹干。”

这是韦绍兰奶奶在《三十二》中偶然念的歌谣。可能是当地的民歌，但是从老人嘴里念出来，像是在以另一种方式倾诉内心的孤独和痛楚。

善良的灵魂：“这世界真好，就是吃野菜也要留着这条命。”

日本留学生米田麻衣，志愿帮助海南的受害老人五年多。有一次，她拿一张日本人的照片给王玉开阿婆看，照片上的那个日本人很老了，80多岁。

阿婆看那张照片没有哭，也没有生气，却笑了，她说日本人也老了，连胡子都没有了。

以为会恨，会哭，却什么都没有。

郭柯导演在拍摄中发现，超越所有对苦难和仇恨的预判，老人身上更多的共同点是平静、善良、乐观。

她们平静自然地喂着院子里的流浪猫，招呼着你抽烟，给孩子插上自己喜欢的花，做好吃的看着大家吃，给来告别的导演发红包……

人们常常会问，带着无法弥合的创伤，人要怎么活下去？

或许，唯一的关键在于我们是否强化了生命正面的部分。有时候，只是学着让生活前进，让问题不再是生活的主旋律，而是不断演化成漫长、宽广生命叙事的一部分，就有所帮助。

“慰安妇”只是一个控诉语境里的标签，但她们不是标签，而是活生生的人。

她们用巨大的忍耐力生活着，就像每个人身边慈祥的老奶奶，这种存在本身超越了原谅与否，痛苦与否，仅仅是生命力本身。

她们说：

“这世界真好，就是吃野菜也要留着这条命来看。”（韦绍兰　广西桂林幸存者）

“希望中国和日本要一直友好，不要再打仗。因为一旦打仗，会有很多人死去的。”（陈林桃　山西幸存老人）

最初，我们来寻求仇恨，却找到了废墟里开出的生命之花。

这已经是那无法言说的一切——一种在任何境况下都要活着的力量和人性的善。

陀思妥耶夫斯基说过：“我只害怕一件事，我怕我配不上我自己所受的痛苦。”

其实，人们也只怕做得还不够，配不上这些奶奶付出一生所受的痛苦，也追不上流失的时间和记忆。

无论如何，希望长眠青山的她们因为我们的铭记稍感安慰。

当代职业女性的坚强与脆弱

由于男人靠不住，女人不得不为自己的独立提供手段，这简直给了男人一个更少关心女人幸福的借口。有所依靠的柔弱女子的确很脆弱，会受到男人的任意摆布。但是她的魅力也确实在很长时间影响着很多男人。现在医治男人不负责任的处方是让他们更不负责任。能独立于男人的女人，没多少动机去引诱男人关心自己和自己的孩子。

——[美]艾伦·布卢姆《美国精神的封闭》

根据亦舒小说改编的同名电视剧《我的前半生》大火，我找出原著来看，在看到描写唐晶的时候，有句话刺痛了我：

“初春，她一身貂皮衣裙，明艳的化妆打扮，厌世的神情。”

这种“明艳的妆容、隐隐流出的对世界的不满”——说实话，太熟悉了，今天围绕在我工作生活中那些都市女郎，她们那么妥帖、周到、得体，但是每一次，我也都能捕捉到这样一瞬而逝的沧桑。

就像亦舒说的，“因为命运对人，如双手对陶泥，塑成什么就什么，不容抗拒”。

这就是都市生活在她们身上留下的痕迹。

亦舒的小说中不乏这类奋斗、清醒、世故又落寞的女人，子君前半生当主妇被证明是一条失败的路，小说就安排她逆袭，一路朝着唐晶那样的奋斗人生而去，也许她会变成下一个有“明艳妆容，厌世神情”的女子。

小说中，离婚后一年，子君跟前夫涓生（小说中不叫“俊生”，叫涓生）见面，涓生夸她好看了，她说：

“老实说，我苍老得多，我学会假笑，笑得那么逼真，简直连我自己也分不出真伪，假得完全发自内心。涓生，你想想，多么可怕，红楼梦里说的‘假作真时真亦假’，是不是就这个意思？我不但会假笑，还懂得假得呜呼噫嘻，全自动化地在适当的时间做出配合的表情。涓生，我落魄得很，你怎么反说我年轻？”

涓生一边听一边笑，笑出眼泪来。

这可以说是亦舒的审美——明艳、鲜活但又永远孤寂。她击中了我们的内心，描绘出了今天多数女子的生存姿态。

不知怎的，我觉得《东京爱情故事》里的莉香和亦舒女郎之间也隐隐相似。剧中一幕，莉香走在东京街道川流的人群中，周围全都是一样的工作风衣，她小小个子、面目模糊，但她转过身来，脸上明丽的笑容又足以让你心生愉快，而你又总能在她的笑容背后发现她的刻意，以及寂寞，心疼她，也想让她快乐，却无法走近她……

如果说推翻男权，追逐自己的经济地位，就是女人的逆袭之路——那么，对！都市女人是没有被当成家庭私有财产了，但却再次走进被都市浪潮商品化的境地中，变成了待价而沽、可以被购买的自由劳动力，或是只有成功男性才支付得起的精美配饰。

可是，都市动物这条幸福之路足以引领新时代的女性奔向自由吗？

女人坐办公室是怎样的“丰功伟绩”

安儿在原著中是子君青春期的女儿，她总是奚落妈妈家庭主妇的身份，子君回敬她：“家庭主妇并不容易当，别总以为女人坐办公室就是一种丰功伟绩。”

说得对啊，坐办公室真的不是什么“丰功伟绩”。

天天逛美容院的家庭主妇子君，看着中环广场那些日日辛劳的上班族，想的是：“满街都是赚千儿两千的男女，美好的青春浪费在老板的脸色、打字声与饭盒子中，应该是值得同情的，但谁开心呢？”

都市中工作对人的“异化”更多的是通过唐晶和子君的对话展现出来。

唐晶的生命中不允许有平凡人的存在，她自己这么强，看到略微弱的人便深恶痛绝。

唐晶说：“子君，现在你也知道了，连哭笑都不能如意。”

唐晶说：“我卖身给他们已经九年，老板要我站着死，我不敢坐着死。我每天准七点半出门，礼拜天还得做补工……”

不过，这么痛苦，唐晶却是一定要战斗的，工作给她带来荣耀。子君离婚后，第一次来到唐晶的办公室，她这样描述：

“以前我并没有来过唐晶的办公室，今天有种温馨与安全感，坐下来竟不大想离开。这是属于她的天地，是她赤手空拳，咬紧牙关，争取回来的，牢不可破，她多年来付出的力气得到了报酬。”

她说得节制，却是发自内心的赞赏，她体会到了中环那些“浪费青春”的男女，到底在“求什么”——用青春换一份对世界的掌控感。

“唐晶，就仿佛数天之前，我与你一起午饭，那时候我心中才跟自己说，高薪？一万块一个月又如何？叫我天天早上七点挤到中环，就算捡钱就可以马上走，我也懒得起床。你说，唐晶，这是不是折堕？”

说罢，子君竟然忍不住，仰面哈哈大笑起来。

不，这不是折堕，是终于承担了自己的命运，子君体会到了，她因为承担而身价倍增。

这是都市里的尊严之道。人皆有价值，你不参与市场竞争，你就是个没价值的人；你只有进入市场，遵守市场规则，才能实现自我价值。

这个独立的游戏越玩越深之后，自由市场规则也蔓延到了关系领域，成为男女择偶的不二法则。

亦舒笔下的男人也是都市动物，持币购买，平等交易，互不相欠。

电视剧里，贺涵和唐晶谈了多年恋爱就是不结婚，两个人要多理智有多理智，有时候还互不信任，互相怀疑对方挖客户，看似金童玉女却并不琴瑟和鸣。

然而，在 20 世纪 80 年代的香港，亦舒所能想象到最好的女子，就是唐晶这样的了——独自在市场经济中搏杀，获得自己的一席之地，毕竟，自主是那个年代女子最迫切想得到的。

但亦舒看不到的是，走出家庭里的地位不平等，转身进入市场里获得自主权，这只是第一步，自主仍然不是自由；而且这种片面强调的自主，其代价就是我们被工作异化，心变得越来越疏离和坚硬。

女人的独立和职业发展

工作是好的，但不像亦舒说的那么有尊严。有时候，工作也是没有尊严的，而且工作中的尊严是交换得来的，一步步往上爬，孤立自我，趋利避害，这也是生存之道，甚至也是非常狼狈的。

工作的好处在其他地方。除了像前面讲的“自主”之外，工作的最大意义是“借假修真”。

不只是为了自己有个好身价，找个好男人；也不是因为害怕被别人抛弃，所以先给自己一个抛弃别人的资格……非要说的话，这些都是附带的好处。

工作其实是一条路径，为了给自己一个挖掘自己内在核心的机会。

要知道，人在适应一个环境以后，可以一生很平稳地生活下去，只要顺着惯性，按照熟悉的路径就可以了。

然而，工作给我们丰富的“场景”，让我们在遇到挑战时，有机会转换世界观和价值观。每克服一个不适，每战胜一个困难，我们就会发展出一套新的信念，在旧我的基础上修正自己的世界观。工作，是做着做着发现了意义。子君走出金丝雀的命运，重新变得生机勃勃，是因为有了更多的机会感受脚踏实地的生活，并激发出了自己的创造力。就像电视剧里金牌人生导师贺函说的："性感魅力不可怕，生龙活虎才可怕。"

当然，我们也不必美化痛苦。痛苦依然是痛苦，只有转化了它，才会是荣耀。所以，工作本身并不能带来这种生龙活虎，态度才能。

朋友跟我说，他们银行里经常来很多官太太，家里并不缺钱，但是要在单位挂个闲职，领一份工资，"有一份工作，不管怎样，我有一份工资，在家有话语权"。

这可以说是误解了经济独立的意思吧？她人走出了家庭，心没有走出家庭。

如今，我们欣赏亦舒女郎的同时，也在泛化亦舒女郎。从任何两性关系的矛盾里，我们都会推断出："女人啊，就应该有钱，有了钱就可以离婚，可以争夺抚养权……"是啊，这些都只说对了一半，有钱是活路，自主是基础，但是有钱之后，不少女人过得也不好。这些女人有话语权，依然经营不好家庭。相反，很可能正是这种"经济价值即权力"的思维方式在危害两性关系。

工作给女人带来权力，但工作的本质不是权力。工作的本质是我们通过热爱它而热爱自己。

在我看来，子君婚姻的失败，不只是因为她不去工作，当了个家庭主妇。她没有深刻反省自己在婚姻中的经营状况：首先，她盲目乐观，对人性没有审慎的理性认知，浑然不知男人今天可以承诺养你、爱你，并不代表十年后还可以如此爱你，这是她涉世不深的代价；另一方面，在婚姻中，她只对付着自己的脸，她没有足够的敏感去维护和涓生之间的感情，才让涓生寻找其他情感维系。

所以，逆袭之后，工作拯救了她的无力感，给她的人生观补了一课，但是她的逆袭也不应该全归功于有了经济权。

工作可能只是亦舒指向月亮的手，我们要看向月亮本身—— 一个人的内在价值。

工作为我们摆渡，将我们谦卑、独立的性格打磨出来，使我们真正做到了解自己，掌控自己。

从自我扩张走向自我平衡

正如唐晶那样的亦舒女郎，我们把自己奉献给工作，期待追求自由，却很可能被卷走，以至于丢弃了一部分的自我，走向疏离和厌世。

厌世的本质是孤独，是过于理智之后，发现真我无法被触及，无法与世界联结，这种压抑带来对世界的失望。

我想，这提醒我们要寻找新的自我平衡。

在电影《美食、祈祷和恋爱》中，女主角利兹是一名成功的作家，她独立理性，有钱，有丈夫，有房子，一切都现世安稳，突然有一天半夜，她痛哭流涕，找不到生活的激情，找不到自我，于是她打算放弃所有，包括房子、存款、甚至养老金都可以给前夫，只求离婚，只身去流浪一年，找寻自我。

她的决定遭到了好友的强烈反对，好友说每个人都是这样生活：在半夜对生活失望，第二天还是到沉闷的办公室像其他人一样活着。

利兹说："不，我想要的是改变。"于是她真的满世界周游，直到发现了新的自己和不再纠结的爱情。

人的自我有一种无限扩大其边界的本能，他要向一切探索，才能带来意义。而从心理学上说，疲于奔命的工作，让我们付出的最大代价是构建了一个"假我"，这个"假我"是用来讨好别人的生存面具。维持它，凝固在它的框架内，很累，它可能就是我们融入都市文明、承担命运的代价。

所以，有时候想想子君那种家庭主妇伊甸园般的生活也是幸福的，她至少活在爱中，不是活在虚假中，虽然这份爱建立在不成熟的涓生身上。现实生活中，也有很多幸福的家庭主妇，她们能够经营好夫妻关系。"男主外、女主内"倘若是默契的夫妻分工，也是一种幸福。如果家庭主妇能找到"借假修真"的工作替代品，她们一样能坚持自我成长。亦舒女郎是一种美，幸福的主妇也有她们的美，美的本质是自由开放，真实不虚。

每个女人都应该对自己的选择免于恐惧。

工作的基本意义是生存，犹如一个斗兽场。等你赚足生存资本，体会到最初的力量感之后，你就会生出厌世的心，因为价值不该由生存竞争决定，还需要有更多的自由和允许。这时候你绝对会觉得工作给了我们已知，也给了我们用已知来寻找未知的资本，直到我们找到新的自我平衡。

另一方面，我们需要寻找亲密可依赖的高质量情感关系，它是我们对世界的内在信心，能够消解坚硬的奋斗所带来的厌世感。

在《东京爱情故事》里，莉香永远为别人着想、理解着完治，但从来不说出自己的需要。她一直用坚强包裹着自己受伤的心，一直笑，其实我多么希望她像旧式女子里美一样总是用柔软的哭泣缠绕傻傻不解的完治，不让他那么困惑。

能表达脆弱难过，也是一种情感能力。然而，多少都市女子已经失去了这种在爱人肩头哭泣的勇敢，像唐晶，不敢脆弱，因为贺涵也在鼓励她勇敢，并未接纳她的无助，她一路理智，直到理智像裹紧的外套与自己融为一体。

电影《美食、祈祷和恋爱》中，利兹在巴厘岛学习草药时，遇到了喜欢的对象，但她犹豫着是否再去爱，害怕自己一旦投入又回到从前：“我从意大利到印度，我好不容易找到自我，我好像又要失去她了。”浓烈的爱让她感到害怕。

富有智慧的先知老人告诉她，不要对好不容易找到的自我过于执着，要知道生活的失衡也是平衡的一部分。

他在提醒我们，如果保持自我让你变得更加孤独了，那还不是根本幸福。

说真的，要感谢亦舒，她用三百本书对传统女性一生不自主的地位进行了一次审美“矫正”，使我们对女性有更美好、更独立的想象。

这很珍贵。奋斗了多少年的女性才有这种自由。

但是，工作不是“究竟涅槃”。当你出于补偿心理，抓得过紧时，也会被卷入新的战场。

未来真正独立的女性将如何看待工作？也许是这样的：它是我们的起点，并不是我们的终点；我们可以放弃它，依旧保持独立，也可以重新建构它的意义；我们不只因为手中的钱而骄傲，还会因为它给我们的自由而更加热爱探索、热爱生命。

人生短暂，为自己活一次

越来越完美的自我控制，产生一种痛快的感觉。你不断逼身体发挥所有的权限，直到全身隐隐作痛；然后你会满怀敬畏地回顾自我，回顾你所做的一切，那种佩服的感觉简直无法形容。它带给你一种狂喜，一种自我满足。只要在这种战役中战胜过自己，人生其他战场的挑战，也变得容易多了。

——[美]米哈里·契克森米哈赖《心流》

走在从健身房回来的路上，我感觉真是身轻如燕。

刚才被教练虐的情景早就丢到了一旁。

更是把之前百般拖延、完全不想去的心情丢到了九霄云外。

拉伸身体的极限后，再回到原来的日常生活，你感到了轻松、自由。

这种轻松自由，不仅是身体上的，也是心理上的——当超越自己的懈怠时，你感到了自己能操控自己的力量。

人在命运面前并不自由：从虚空中来，不知道下一秒会发生什么，在未知中走向必然死亡的终点，中间活着的时间都带着阶层、资源、距离、生老病死的诸多限制，无法尽情尽兴。一辈子能有几天为自己而活？

然而，这些限制反而让我们更加沉迷于寻找生命的自由感。

音乐的沉醉、美酒的迷狂……

活着的自由，是一种超越边界的力量感，更是我们很多美好体验的来源。

那么问题来了，你是否愿意用生命的消失为赌注，去感受终极自由？

这看起来像一个悖论，但真的成了一部分人的选择。

户外极限探险者就是这样一群人，以一种极端的方式宣告存在的力量，他们的生命质量不以长度计算，而以强度衡量。

按照奥林匹克运动会世界纪录的抽象意义，每次有一个人打破世界纪录，人类整体潜意识里就感觉自己更高、更快、更强了，因为这个冠军是抽象的存在，他代表人类的极限。

作为人类群体的一员，每个人都可以通过人群中的极限挑战者，接近内心渴望无限和自由的梦想。所以，每一个向着蛮荒之地出征的勇士，都是人类的排头兵。无论牺牲还是成功，只要他敢于出发，就代表我们还没有被城市里的醉生梦死改造成一群堕落的生物。

在沉重的肉身和飞起来的心灵之间

最近上映的《七十七天》，是中国第一部真正意义上的户外极限运动电影，也是一部即使没有故事情节也“好看”的影片。它让我们这些可能一辈子也没有勇气去不毛之地的人，第一次真实地在大屏幕上看到碧绿盐湖和天空融为一体的奇幻景色，看到雪山圣湖绝对、永恒的纯粹和平静，以及冈仁波齐星空不可思议的璀璨……跟随着男主人公的步伐，用心灵丈量生命的极限。

看电影时，我是如此矛盾，一边看这位勇士被狼追杀，无路可走，弹尽粮绝，紧张得为他捏一把汗：“妈呀，干吗非得跑到那里去找虐？”一边又感叹，这么美丽的风景，这么震撼的人生体验是多么难得。

我就是典型的平庸大众，贪生怕死又渴望自由，大多数时候，心灵越飞扬，越走不出城市生活的安适。

影片中，蓝天这个姑娘在一次户外探险中不慎跌落悬崖，摔坏了胸椎，从此半身瘫痪，要坐在轮椅上生活。她努力让自己坚强、乐观，然而她的孤独、绝望和生活上的种种不自由，让她心藏深深的悲伤。人人都为她贴上身残志坚的标签，只有她自己知道，只是为了达到“不成为别人的负担”这个目标，她就已经竭尽全力。

也许只有再一次登上高峰，她才能把命运踩在脚下，说一句“去你的命运”，以此“嘲笑”那身不由己的人生。她和男主人公结伴而行，走向顶峰，以倔强又压抑的生命意志向着雪山、无人区不断延伸……

我想起同是身体残疾的脑瘫诗人余秀华，她说：“我总是感觉到我的灵魂，被残缺的身体禁锢住，感觉到很不自由。”她得不到想要的爱情，她被囚禁在乡村，被束缚在一个行动不便、表达不便的身体里，在一个残疾的普通农妇和才华横溢的浪漫诗人之间挣扎。

在余秀华的诗里，你能看到一种少有的不顾一切想要表达力量的东西，那种刺破感就是她挑战的极限——她的灵魂想要超越这具肉体，超越她已有的时空。只有在一种失控的表达中，她才能宣泄情感。

和余秀华一样，蓝天也有无力控制的沉重肉体，这给她强烈的反作用力，促使她对不自由有了更强烈的反叛。

不自由的残缺感，不仅仅存在于残疾人的心灵中，对于身体不自由的感觉，我们每个现代人都有。

男主人公就是一个在生命中感到种种不自由的人。他不是因为失恋、挫折而去冒险，他纯粹是把生命感的强度当成生命的至高追求。

他说："有些人 30 岁就死了，只是 80 岁才埋。"

"人活一辈子能真正按自己的想法活着，能有几天？我就想做一件自己真正想做的事。"

这个用生命换取存在感的人，对永恒的圣洁和宁静的追逐，可以看作通过极限挑战来完成对生命意义感的追寻。

他代表了这些年越来越多的人内心萌发的"远方"梦想。

人类发明了城市，城市却圈养了人类，让人类最终远离大自然，因而感觉到种种束缚。

人们戴上千篇一律的人格面具生活，身不由己地做着不得不做的例行公事，内心却压抑着一个属于自然的灵魂。灵魂的压抑让你焦虑不安，你却一无所知，只是没来由地感到抑郁、焦虑，感到无梦无痛。

生命本能和死亡本能是互为对立的一体两面，有多少追求成功和认可的野心，就有多少想要背叛和逃离这一切的决心。

人们相信，远离都市，来到天边，能走出无梦无痛的无聊循环。

远方，一个西藏梦，一个走向无人区的勇士之梦。

人无论走到哪里，其实都是为了感知自我，走得越远，体验越深。当男主人公在毫无人类痕迹的蛮荒之地，感触到天地自然，体验到与永恒天地同在的融合感时，他在瞬间真的相信了，自己的生命真的存在过，并且无怨无悔。

命运是面向苦难的狂欢，人的使命是以此为工具转化自我

人为什么要登山？

一个经典的回答是："因为山在那里。"

这个对话代表了一种永恒的人类精神。征服自我的极限，永无止境。

这后面有生生不息的力量感，也是人在囚徒困境中最伟大的反抗力。所谓个体化历程，就是人必须不停地去创造，去感知极限的存在，去感知自己的边界，并且在这种感知中，尽情体会个体的喜悦和欢乐。

在江一燕饰演的残疾姑娘蓝天看到冈仁波齐山峰的那一刻，她讲述着自己半身不遂的故事，失声痛哭，说："你知道吗？我连做一个正常女人的资格都没有。""我觉得我活得好累！我的人生就这样分为轮椅前和轮椅后……我已经努力过了，去你的命运！"完成了梦想后，他们分道扬镳，男主人公决定带着姑娘的祝福和两个人共同的自由愿望，走进无人区去完成新的梦想。

影片精心安排的两条线在这里交织起来：一个是蓝天代表的现实命运的束缚，一个是男主人公代表的人类超越之旅。

这两条线也是每个人生命中每时每刻都在进行的两条线，它们就是我们生命的一体两面。

就像影片中男主人公深入无人区的路上，每一步都有困难，有时候是洪水，有时候是狼群，有时候是水源短缺，有时候又是食物不够……

意义不在困难本身，而是在克服困难的过程中。人总是被不断激发起内心的生命意志，以被外在困难反射回来的东西拼凑成内在的自我，然后反思、领悟。每次我们成功应付一次挑战，我们就感觉到自我的升级。苦难不应被看作生命的障碍，它可能是我们自我完成的某种工具，能帮我们转化自我。

我们唯一能够穿越生死而带走的财富，就是这些转化困难的瞬间。正是不同的体验区分了不同的人，给我们的生命带来存在感。

哲学家认为，人生的痛苦可能毫无意义，而只有作为审美现象，生存和世界才是永远有充分理由的，因为是人的生命体验在书写着生命的意义。

影片结束的时候，男主人公成功穿越了无人区羌塘，这个生命的壮举让他成了最幸福的人，他完成了自我。

哲学家尼采经常把命运比作一个女子，一个妩媚的女子，她无恒、不驯、恣肆，允诺着也抗拒着，羞怯而又嘲讽，风情却又诱惑，因而更具魅力。她使你受苦了，可是你又怎会不愿为她受苦呢？所以受苦也成了一种快乐。她诚然有她的罪恶，可是当她自道其恶时，她尤为迷人。你也许会恨她，而当你恨她的时候，你其实最爱她。

是啊，就是因为这样的恨，也是因为这样的爱，我们出发，走向无人之地，走向荒凉。

好的电影永远在用复杂的故事和情景，向观者提简单的问题：你在为自己而活吗？

什么时候，真希望我们也在真正的梦想之乡举起酒杯，像影片中的他们一样来一句：“来，干了，一杯敬自由，一杯敬远方！”

在心灵层面，何谓正常与疯狂

上善若水。水善利万物而不争，处众人之所恶，故几于道。居善地，心善渊，与善仁，言善信，正善治，事善能，动善时。夫唯不争，故无忧。

——老子《道德经》

一位设计师专门在城市里跟踪小贩。一个卖糖葫芦的阿姨被他跟踪了三天，结果是设计师为她在广场上找到三条最快逃离城管的逃跑线路。他还发现阿姨拿着冰糖葫芦的竿子没法上厕所，所以她从早上五点起床都不会喝一滴水，直到冰糖葫芦卖完。他为阿姨设计了一辆卖冰糖葫芦的小贩车，不但可以卖冰糖葫芦，还可以卖衣服、卖日用品，像变形金刚一样可以在不同的地点卖。

这位设计师的设计哲学是看见每个平凡的人，寻找那些隐匿的人和需求。

见人心，是所有伟大创造的共同点。说来惭愧，我就是其中一个制造他人“隐匿感”的人，我碰到过一百次卖糖葫芦的，从来没想过他怎么上厕所的问题。

那些最平凡的人有怎样的存在方式？对于他们的世界，你是否好奇？

刘瑜用“没有来的请举手”这句话，来讽刺这个世界被强势话语占领的现状。对于那些“被不存在”的人，我们如何接受他们为人类的一员，显示出我们发展出了怎样的人类文化。

看不见的人群

2018 年奥斯卡最佳影片《水形物语》用童话的外衣，探讨了生命价值的问题。

在一座保密机构的大楼里，失语者清洁工爱上了供人类研究的实验品，它是在水中生活的半人半兽。为了拯救它被解剖的命运，清洁工集结了失业的老年同性恋画家、黑人清洁工、性格懦弱的间谍科学家，设计了一个漏洞百出的计划，却意外地成功救走人兽，并演绎出一段奇异的恋情。

失窃后，暴跳如雷的安保长官说：“可恶，这次行动肯定是一个保密精锐部队完成的。”

这时，黑人清洁工和失语者清洁工默默经过他的身边，一如往常……

没有姓名，没有编号，没有地址，他们只是一群在你身边昼伏夜出的人。他们清理你的垃圾和各种麻烦，他们是一群你从来没有关注过的“工具”，你可曾想过他们也有最无畏的情感和行动？

这并不是什么“逆袭”,只是一个世界和另一个世界的碰撞。女主角是哑女，隐喻了“失语”而“不存在”的境地。和多数弱者的命运一样，她的存在方式主要是忍。命运将她一锤一锤地锤到匍匐在地，发不出声音。

然而，找到爱情和生命意义的哑女最后不但容光焕发，还发了声，唱了歌。一段奇异的爱情拯救了哑女和人兽——世界的两个弃儿。

当我们说人人生而平等时，说的是人被赋予的权利。然而，现实的人类是不可能平等的。个体的差异，地域的差异，种族的差异，社会的差异，等等，都是造成人类不平等的根源，也可以说人是生而不平等的。

我们表达同情，却未必做得到平等。影片展现了很多弱势群体的生活：黑人被商店拒绝；哑女每天睡沙发，生活孤独、艰辛而无趣，和老画家相依为命。相比机密机构安保官的标准中产生活，他们虽然也是人，但他们就像《北京折叠》里说的那样，生活在一个平行又被折叠的时空里。

主动选择是唯一的救赎

我是谁？到底应该由什么来定义我？

故事中的黑人、残疾人、同性恋者、半人半兽，还有少数族裔，这些联合起来参与拯救的人都是自己命运中的弱势群体，而命运把他们推到一起，成为一个共同体去拯救即将被送上解剖台的生灵，这本身就像是势单力孤的个体在拯救自己，完成自我救赎的过程。

这个冒险又仓促的营救计划，像是自杀，却是每个人势在必行的。在他们平淡无趣、毫无指望的生活中，如果说还剩下些什么，那就是温情。哑女为人兽带来鸡蛋，一起听音乐、跳舞，在我们看来荒唐，这却是她生命中为数不多的亮色。

老画家尽管觉得营救计划毫无胜算、荒唐至极，然而当他失业、失恋，被整个世界拒绝之后，他唯一珍视的是和他相依为命的哑女，为了她想做的事，他选择和她站在一起。

上帝按照自己的形象和样式造人，说的是每个人内在平等毫无二致的本质。就像当哑女清洁工激动地用手语比画着，要求老画家跟他一起去拯救人兽，她说："如果什么都不做，我们才真的不是人。"

只有顺应内在的生命意志，完成对人生的主动选择和创造，发现自己的独一无二，才是生而不平等、被主流踩在脚下的人唯一的自我救赎。

心中的地域，正常即疯狂

和营救人兽的“乌合之众”相对，另一边是训练有素的军队特工们。

总是拿着警棍的安保长官长着一张阴郁刻板的脸，但他喜欢吃糖，廉价的糖。每当他感到有压力的时候，他就要来那么一点。

从小到大吃这种廉价的糖，也许暗示着他小时候家境不好。这种吃糖的惯性，也暗示着他对生活中“甜”的渴求和追逐。

这个安保长官有着典型的正常城市生活，两个孩子，一栋房子，一个金发碧眼的妻子。他渴望安居乐业，对未来充满主流幻想——尽管不喜欢绿色，但听到销售员说这是最有未来的人值得拥有的，他便毫不犹豫地选择了绿色。

他还有苦行僧般的勤勉、自律。他一直在看一本叫《正面思考》的书。他的上司得知人兽失窃后，只给了他 36 小时追回，他压力山大，却像每个被成功学洗脑的人一样对着镜子说：“你会好起来的，你做得到的。”

他代表这个世界强权的一面，然而在强权系统里，他又是最可怜的一类人。

上司怪罪他没有做好安保工作，导致人兽失窃，他满脸恐惧，指天发誓："我兢兢业业十几年，一直都做得很好，想要证明自己，用尽了一切努力。你不能因为这件事就否定我！相信我，我一定能做好，不会让你失望。"

这个被编织在金钱、权力中心的攀爬者，虽然被塑造成反派，但他的价值观是最接近主流人群的。

他总拿在手里的警棍象征着强制、强权，而他的自我激励、追求目标，意味着对自己意志力的滥用。他用内在的暴力对待心中的真我，在走向强大的道路上，这也是一种自我奴役。他时刻恐惧自己回到"不名一文"的境地，而那是他不能接受的自我解体。

如果说安保长官是一种外强中干的虚假强权的隐喻，那么作为平衡的结构，这个社会中的弱势群体反而张扬了真实、活泼、鲜亮的生命力，是自然之力的显现。

贫困的清洁工生来接受自己的命运，知道自己就是无名小卒，虽然绝望，但是本来就没什么好失去的，也就不那么焦虑。

哑女和人兽的恋情，让她看起来像卖火柴的小姑娘一样，擦亮了火柴，看到了人间希望的微光。在飞蛾扑火般献身爱情的时候，她成全的是自己的生命力。

这种献身爱情的勇敢，具有自我超越的美感。尼采把人们在悲剧中感知到的人类生命力，形容为酒神精神。一个人因为自己的悲伤和无奈，感知到与人类同在，于是在这种悲伤里感觉到了美。这是极端渺小的自我在无力的时候感觉到的超强力量，是渺小到极致的自我却与极其宏大的人类连为一体的奇妙感觉。

所以，安保长官强的背后，可能是弱的；而哑女弱的背后，可能是更强的。

现实中，尽管人们以地位高低来划分群体，但在神的眼里，人群则以所受的苦难分。谁为爱燃烧？谁为一生的渺小感陪葬？在心灵的层面，究竟什么是疯狂，什么是正常？

其实，天堂和地狱俱为一体，就在人的内心。在优胜劣汰的社会进化法则之外，弱小者为这个世界保留了一种平衡，一种可能的、在主流话语之外的“自由自在”。

融合，以水的形状

这部电影的英文名叫“the shape of water”，直译是“水的形状”。虽然它很像《美女与野兽》的新版本，却在隐喻中让这个故事走向了深远。

安保长官、保密机构、冷战、科学实验，这些象征着人类的力量，人类用工业革命制造了国家机器，做了非常多的自然改造，建立起了秩序和文明，堪称一场“自我造神”运动。

而人类对人兽的态度如此傲慢、野蛮、毫无尊重，除了解剖研究，就是毁灭，充分显示了这种冷酷的工业文明的本质，就是对自然的漠视。

苏联间谍说：“我们不是要毁灭人兽，而是要毁灭美国人对人兽的研究。”这又加深了人类的隔阂，将纷乱割据的内斗情形展现无遗。

但什么是真正的神？看到被人兽抚摸过后，老画家重新长出的头发，你就知道，比起工业社会的各种自以为是的强大“人力”构建，真正的“神”在人的理解之外。人兽的灵性是导演对生命本能的赞颂和隐喻。

有人说最后女主角和人兽一起跳进水里，被亲吻后，脖子上的三条疤痕变成了鱼鳃，太过浪漫，是一个败笔。但何不把这看成一条进化之路呢？那三条疤痕是她先天带来的，这时候的她只是发现了自己先天的本质，找到了使命，实现了自己的意义。他们真正成了自然的一部分，回到了生命的母体。

老子曾经说过：“天下莫柔弱于水，而攻坚强者莫之能胜，以其无以易之。”因为水看似柔弱无比，随物赋形，其实坚忍顽强，没有什么能真正改变水的特性；又说："上善若水，水善利万物而不争，处众人之所恶，故几于道。"水总是往低处流，以润泽万物，海纳百川，最接近自然的本性。另有一说，水是生命之源，携带着我们人类诞生的秘密，联结着灵界的能量信息。

水就是人类体内一切神性的隐喻。当人类不是用外在的阶层、种族、标签等来划分，而是消除分别和暴力，真正见到彼此时，人类就能真正实现内外的和谐与平等。也许，这正是这部电影对未来美好世界的深层隐喻……

谁不是人生困境里的求生者

请注意，生命可以没有痛苦，但是痛苦不可能缺少某种形式的生命。同样地，没有任何战争的和平是可能的，但是任何战争都假定某种和平。这不是说战争作为战争必然包含和平；而是说，就那些发起战争和遭受战争的人是具有有机体性质的人而言，战争内在地带有和平，这其中的简单理由是，既然是有机体，那就意味着是有序的，因此也就具有某种意义上的和平。

——[古罗马]奥古斯丁《上帝之城》

养生党占据着电视和公号热点内容的不小比例。

自我实现者怀着意义感，创造最伟大的公司、名牌、作品、理论。

明星、名人轮番上着热搜，以最强大的公关能力抢占人们的视野。

…… ……

这是一个不惜一切强调“生”的世界，对抗着个体的渺小和“消亡”。

观看电影《敦刻尔克》的时候，首先唤起的是对自我覆灭的极度恐惧。

这种随时会灰飞烟灭的紧迫感是一种高悬头顶的悬念，在紧锣密鼓的嘀嗒嘀嗒的配乐中，驱赶着观者的神经。

这跟我看《权力的游戏》时，感到草菅人命的直接暴力不一样，这种紧迫感是与影片中的求生意志同步的，它是不断勾引你的心理战术。一会儿上船，一会儿弃船，一会儿又要上船，一会儿又被炸……总是不得生还，总是气喘吁吁。

弗洛伊德说过，在人类的心灵生活中，分别有两类本能对应有机体的建构和消解这两个对立的过程：一个是生命本能，一个是死亡本能。

这两种本能在生命体中有规则地混合存在着，生命或生活就表现在它们争斗和互动的过程中。

在战争这个放大器中，生命本能和死亡本能之间的冲突愈加尖锐。巨大的恐惧带来本能里的高度共情，他们在逃生，观众也在逃生。在海陆空三个故事里，在硝烟弥漫的大场面里，并没有拯救世界的孤胆英雄，只有平凡参与者的渺小与挣扎，以及种种选择。

战争象征着强大的客观力量，带着它的逻辑和规则，把活生生的人卷进它的时空里，个人只能在有限的选择和自由下，找寻活着的可能和意义，努力而又悲壮地把战争纳入自身生命中，并使其成为生命的一部分。

战争是每个人一生的悲剧故事

影片中不断提到的一个词是“home”（家），一次是军官遥望英国的方向，一次是海平面上驶来各种颜色的小船来接士兵回家，军官热泪盈眶地说了“home”，一次是战士被救后，火车第二天早上开到了英国的乡村……“Home”，与其说是家，不如说是一个心理象征，是归属感和求生意志。

影片没有展示任何一个具体的德国士兵，对敌军甚至没有称呼为德国，只是叫作“enemy”（敌人）。

对立的双方是两个虚化的符号，它们到底是什么已经不太重要了，诺兰在接受采访说：“这是一个关于求生的悬疑故事，我不熟悉战争，但是我知道每个人都想活着。”

每个人都在心里书写活着的意义。

老船长说：“我们这个年龄的人发动战争，然后叫你们年轻人去送死。”他义无反顾地去救援，他理解战争的残酷无情，他失去了自己的儿子，所以他不顾一切地救援士兵，就像是完成了对不能救儿子的补偿。

而在年轻的帮工看来，战争有另外的意义。在老船长的船被海军征用出发救援的最后一刻，他跳上了船。他在学校里是一个问题孩子，他一直想得到荣誉，梦想着上战场当一次英雄。最后，在和救援上来的患有炮弹综合征的士兵搏斗时，他不幸死去。他用死换来了英雄的称号，却再也没有机会感知生命的价值大于英雄主义。

更多的年轻士兵为保卫家园而来，他们有极强的荣誉感，然而在战场上看到死去的同伴和敌人，也是活生生的、有血有肉也有父母妻儿的人，他们的心理不堪重负。他们成群结队，一拨拨地逃跑，而逃回国来又怀揣着无价值感，害怕被当作逃兵，他们被吓坏了，没人知道他们心里承受的重量。

反战小说里，退伍士兵说："我不觉得战争使我变得比别人优秀，它不过是日复一日重复上演的悲剧。"

悲剧是无法拼合的破碎，参战时所谓的荣誉感，在血淋淋、活生生的残酷现实面前迅速幻灭。他们的价值观需要重建，谁来解释他们的失败？谁来整合他们心中的意义和价值感？

正如人生中的任何一场灾难中，苟活下来的人都不得不悲壮地以自己的方式消化这场灾难。每个人都无法负荷，被恐惧驱赶到生命的绝境，也许余生都要与之为伴。

选择：用生命换来的生命感

当然，战争除了残酷，也是人性的体验场，极端的绝境促成了人的价值选择。“How many roads must a man walk down, before we call him a man ?”（一个人要走多少路，才能被叫作一个人？）答案正在炮火中飘向年轻人。

年轻人的成长和价值选择一直是战争电影反思的视角。在电影《比利林恩的中场战事》中，比利从战场回到祖国，经历了荒谬的人和事，他痛苦地怀疑自己的价值，最终战场仿佛成了他的归宿，他又回到了队友中间，回到了战场；《血战钢锯岭》中的少年誓死不拿枪上战场，遭到了重重嘲笑甚至审判，当他凭借勇敢，终于赤手空拳在钢锯岭一夜之间冒死救下上百伤兵，他用信仰的力量证明了自己。

美国作家菲尔·克莱在他的《重新派遣》一书中说过：“唯一能让人们铭记战争的办法，不是拍一部关于战争的电影，而是拍一部关于一个孩子的电影，讲述他的成长经历。”

没有“希望之少年”，就没有一部好的战争片。少年心灵的升华和强健，强调了生命的意义，这是从战场上浴火而生的精神涅槃。

同时，战争也在讲述着一种有限的自由与高贵。

即使是在战场，人依然有选择的自由。这种自由是“will”，自由意志，在动物自保的本能之外，人还有人性；在人性的熊熊火光下，人找到了生命最极致的力量。

救援的老船长和儿子打捞起一个在海里漂流的战士，战士的潜艇被鱼雷击中，侥幸逃生。然而，得知这艘船正前往敦刻尔克救援，他强烈要求返回英国，在争执中，他失手打伤了船上的小帮工。

冷静下来后，他后悔自己的冲动，关心地询问那个年轻人的伤势：“他怎么样了？还好吧？”船长的儿子知道同伴已死，但他犹豫了一下，点点头，表示那个小帮工还好。在那个时候，他不想再给已经饱受炮火伤害的士兵增添任何心理负担，他没有怪罪士兵伤害了自己的同伴，而是将一切归结为战争。

当上百条小船驶出平静的英国海港，冲向炮火，有渔船、游艇、旅行船……他们花花绿绿，招摇过海，向着炮火的方向前进，最终将可以撤退的士兵从三万，增加到三十万，保护了国家的儿子。

飞行员在没有燃油的情况下还在与敌军作战，他们选择不返航，一直搏斗到燃油烧尽，迫降在敌人的海滩，即使成为俘虏也要战斗到最后一刻。

本可以撤离的将军自愿选择留下来帮助盟军撤离。

很多平民，甚至盲人，也积极加入到迎接撤退士兵的队伍，他们一遍遍说“well done”，安抚每个落败战士的羞愧。

…… ……

许知远在采访诺兰时，问他：“如果你在电影中当一个人物，你会是谁？”

诺兰说：“这部电影其实是在说，如果不在战争中，每个人并不知道自己的选择是什么。”

是的，人们可能会被压垮，却也可能在战争这个外在困境中，在注定的渺小与可以成就的伟大之间，会不惜以肉身的消亡来换取生命的意义，实现自我的超越。

人人都在生命的困境里求生

走出电影院的一刹那，我一度恍惚，仿佛从平行时空穿越回来。这时，头顶上恰好飞过一架飞机，我下意识第一反应竟是敌军又来丢炸弹了……

那一刻，我知道，影片中激发的死亡恐惧在我心里留下了某种印记。重回现实的刹那，我的感受跟士兵们一觉醒来，发现火车外是英国乡村宁静的田野风光一样，感觉到了阳光的温暖和对一切如常的不适应。

有时候我想，我们为什么要在和平年代看《敦刻尔克》这样的战争片。我想，可能是它给了我们一个紧迫的、随时失去生命的仿真体验，在我们重回自己的生活后，平淡如水的日常也有了新的意义。

电影让我们有机会面对死亡、绝境这样的生命难题。

现实生活中的死亡平静而缓慢，我们觉察不到。人们不是在医院里失去生命，就是压抑、对抗着它，然而正如文章开头提到的那样，我们费尽心机去保卫生命，构建自我的完整，扩张着自我的边界，抵抗着死亡。

可能，只有穿越到战争的极端环境中，才能直面死亡。

死亡并非生命的对立面，而作为生命的一部分永存。与生命一样，死亡也构建着活着这个事实，给了生命一个有限又无限的舞台。

曾经在节目中看到过远古人类的死亡观：

那更像是物种之间的友谊和和谐。当他们走出洞穴要打死一头鹿作为晚餐的时候，他们会祈求神灵的指引，在哪个方向有一头鹿愿意献出生命。出于虔诚，原始人也决不多打，就在这个方向打死那头必经的鹿，心怀感恩地收下它的肉，祭奠它的付出，维持自己种族的生命，也确保鹿群的繁衍。

在这里，死亡并不神秘，死亡是作为生生不息的循环的节点。只是在近代，我们才把死亡看成自我的终结，看成走向无意义与恐惧。

正是在抵抗、压抑、逃避着对死亡的恐惧时，人们反而有了更暴躁的脾气，也更加沉湎于暴力、毒品、自杀等的迷醉中。

修道之人甚至一生都在做着死亡的准备，对死亡秉持敬重、接受的态度，因为接受了随时到来的无常，因而把死亡与不幸、消亡一样看成生命的自然过程，因而活在合适的期待里。

更多没有参透死亡的人，如果以上帝视角来看，也都如海滩上等待被拯救的芸芸众生，在随时到来、也必将到来的终点面前困惑、迷茫、期待……如何逃生，逃往何处，如何接受，如何选择，这在谁的心底不都是在经历一场战争呢？

如果“自我”以及“自我的死亡”并没那么重要，那什么是更重要的？

逃生与不逃生，我相信都是一种人生，然而我希望我的选择里恐惧更少、希望更多……

未来到哪里寻找一个真正的人类

要造就一个真正的人，要发掘一个人最大的可能性，要激发一个人无穷的才思、创意和杰出的能力，只有一种方式，那便是为了让自己有一个属于自己的天地而奋斗。除了这种途径，再没有第二种途径可以成就一个真正成功的人。

——[美] 奥里森·斯威特·马登《气质》

上一部《银翼杀手》拍摄于 1982 年，描述的是 2019 年的故事，就是我们的今天。

刚上映的《银翼杀手 2049》，描述的是 2049 年的事，离我们有三十年。

尽管上一部电影里的复制人类今天并没有成为现实，我却感觉电影预言的未来却分明正在到来。正如张爱玲所说的，在飞驰的时代列车上，我们都只能在命运狭小的车厢玻璃窗内，看到自己变形的脸。这一次《银翼杀手 2049》传递给我们的未来，依然是用来对人类的存在进行冷酷的嘲笑。

看这样的影片心情不会太好：首先是画面给人的直观感受，因为天气没有好过，连绵不绝的阴雨，死寂到孤绝的落雪，暗黑的风暴；其次是主角命悬一线的追索，以及围绕在身边的虚拟女友，没有温情，只有荒谬和恐怖；还有虽不曾露面，却存在于背景里的神秘外星殖民地，以及早已沦为流浪汉乐园、垃圾场、欲望展览场地的地球城市；那些层层叠叠的复制人公司数据仓库，垃圾一样被废弃的人类肉体，漫天的雾霾和黄沙，废弃的城市和破碎变形的波普人脸艺术……无一不在传递一种欣欣向荣的科技发展，也在传递一种阴郁荒废的人生。

影片中，未来的人类分不清什么是真的，什么是假，记忆不能信任，他们极有可能是为了维持系统的稳定而制造出来的。人只要活着，就一定会问自己是谁。这么看，复制人其实已经有了自然人的属性。虽然这种追问使他们痛苦，可痛苦也正是存在最重要的一环，那可能是他们唯一感到自己是人的真实证据。

也正是在痛苦中经历了对自己身世的反复肯定、推翻、否定、觉醒、反抗之后，复制人男主角凄凉地笑了，闭上了眼睛，雪花落在死寂的世界，他仿佛皈依命运一样面向天空，渴望着天启。他曾经以为自己是被选中的“奇迹”，既害怕是，也害怕不是，不过经历了种种，又回到原点，已然感受过灵魂，却仍然困惑于自己到底是不是一个真正的人……

通向未来的时空列车：当科技遇上资本

资本是资本主义文明世界里一种嗜血的推动力量。所有的掠夺、殖民活动源自这种无限扩张、逐利的利益规则。

当年郑和下西洋，船坚势众，然而这支来自农耕文明的船队仅仅满足于交换，他们面对蛮荒世界的态度与资本主义截然不同。

当东印度公司在全球扩张殖民的时候，却把资源和黑奴贩卖到了全世界，制造了多少惨绝人寰的黑奴虐杀事件，掠夺了多少原住民的资源。

一个最恐怖的事实是，当年大多数英国公民都是东印度公司的股东，其中很多是有教养的人，他们甚至是虔诚善良的基督徒，周末会去教堂做义工。只因东印度公司向他们承诺，只要把钱存到该公司，钱就会生钱，他们不知不觉地成了残酷利益链条上的一环。没有谁一开始就打算掠夺新大陆的原住民，只是在一种不约而同的合谋之下，新的利益模式诞生了，一发不可收拾。

这只是一种系统性的失控，因为资本规则一旦诞生，逐利的本性让它有了自己的“疯狂”。

大部分科幻片的故事背景，都有这种资本主义系统失控的因素。资本席卷着科技的新成就，将所有的资源和扩张的欲望囊括其中，让人类陷入集体的困境。

它的代表是一个超级商业帝国，主宰着一个赚钱的营生，而这个营生可能是对外星的资源开采，是对克隆人的技术开发，是像《西部世界》里一样的娱乐商业项目，也是像《银翼杀手》中泰瑞尔公司的主管人华莱士这样疯狂的人类至上主义者，人类的商业利益第一，他想要通过奴役占绝对多数的复制人，增加劳动力，促进经济发展。

在这种商业帝国中，科技越发达，意味着系统越容易失控，因为这个失控孕育在系统内部。华莱士代表的资本家守护着让他们获益的价值体系纹丝不动，因为只有从对产品的“奴役”中才能永远获益。一方面他们否认复制人有灵魂，另一方面又大力发展科技，希望复制人有自然的生产功能，以大量繁殖。

技术的发展和规则的暴力在强烈地对抗和冲突，人类的贪婪自私一次次暴露在我们面前。

“产品”是物，还是人？人类既希望他们是人，以使自己享受造物主的荣光；也希望他们不是人，以确保自己作为宇宙间唯一高贵生物的地位。

但是，复制人看起来已经越来越像人类了，我们还在对“同类”进行奴役和剥夺。于是，人类社会需要耗费大量的资源去维护一个价值体系的完整。它引发的巨大伦理冲突和不适，也在撕扯着我们的内心。

科幻片就这样将目前科技发展中的矛盾，提前以极端的方式暴露给我们。身处其中的人无法辨认庞大的全局，只是成为一个时代的悲剧缩影，人类已然坐在这列开往未来的失控火车之上。

荒谬的隔绝与虚拟的狂欢

看到影片中人类制造出来的未来世界，你就会感到恐惧。

地球已经是一个废弃之所，然而，浮华依然是人类世界的主题。在城市中央，唯一的亮色就是到处屹立的电子屏。各种立体的声像在贩卖着唾手可得的梦想，爱情也不例外。乔伊这个电子娃娃可以随心所欲地变装，打扮成所有男人的梦中情人，她挑逗你的欲望，满足你所有的情感需求，召之即来挥之即去，即刻满足。唯一不公平的是，她可以拿走你情有独钟的感情，她自己却属于所有“买得起”的男人。

在家里，她为你做饭，陪你聊天，是你的红颜知己，她甚至能和失足妇女同步，与你发展肉体关系，她让你不再孤独，沉迷其中。作为一个未来人，你的生活可以完全舒适、自动化。

但最可怕的是，下一秒，她会在停电或者发生故障的时候，展现出恐怖的叠层和鬼脸一样的影像。

有一个来访者曾经跟我说，她在一个咨询师那里咨询，每次在咨询之后交钱，她总会有一种生理上的不适，觉得刚才掏心掏肺的情感交流都是用钱买来的。这里面就有一种愤怒，因为我们人类假设了情感是不能被购买和虚拟的。

可是，男主角真的爱上了一个虚拟的女友。当男主角和恋人亲吻的时候，恋人忽然停住了，她的头顶上忽然跳出了警局来电提醒。男主角习以为常，毫无怨言地打开消息……而作为观者，我却感到深深的愤怒。人类的情感最终被抛弃、被愚弄，科技在嘲笑着我们最后的尊严。

不单情感流离失所，预示着人类无家可归的结局，外在的自然生存环境也是如此。未来的地球沦为流浪汉和失足妇女的乐园，到处是垃圾场，下等的自然人和复制人都生活在其中，苟延残喘，被高科技产品麻痹着神经，在无知觉地狂欢同时，还奴役着更弱小的流浪儿和残疾人……说这是人间地狱也不为过。而更多有钱的人类已经向外星进发，开拓殖民地，他们抛弃了母星，以及他们的劣等同胞。

今天我们还在谈阶层固化，到那时候就不仅仅是固化，而且是完全隔离。这也是多数科幻作品的另一个反思母题——阶层矛盾。以科技和资本作为原动力的人类社会，最终结果肯定是默默将人类阶层资源的鸿沟无限拉大、尖锐化。正如科幻小说《北京折叠》，最终导致人类被分成不同的世界，在不相交的状况下生存。

多么热闹非凡，又多么寂静的星球！每个人都在自己的世界里热闹地、感觉良好地活着——或者说是无限堕落下去。

从主体性被放弃的那一刻开始，人的价值就不存在了。内在的真相已经被外在世界埋藏得越来越深，沉溺在越来越周到和虚拟的科技产品中，人们偶尔可能会问："你的灵魂存在吗？"但这个世界统一回答你："这个问题嘛……你看，即使不存在，你也能活着，并且过得还不错呢！"

如果说人类的无限荣光，是制造出这一整个高科技世界，同时，这个荒诞世界也尽显着人类的无知，展现着我们的堕落。我们在宣告自己力量的过程中丢失了自己，这可能是最荒凉最令人绝望的事。

真正的人类价值去向何方

在人类价值还未失落的曾经，有一位人本心理学家卡尔·罗杰斯说过，人自身有一种微小但显著、神秘的力量，只要它被聆听、被真实地看见，他们就会进步，会成为自己。

这里呈现的是人的自我实现的古典方式，以彼此照见的方式，期待人性的充实和绽放，获得向善的力量。

然而，与这样的“应许”相反的是，人与人的交流在未来将被一种温柔的强权所取代。

它可能是科技，打着温情脉脉、满足你全部需要的旗号；它可能是商业，以对你了解至深的方式，摸索和定制你的欲望；更可能是你随手可得的显示屏、立体成像技术，带你进入跳动着激情和精彩的世界，以一种无知无觉的方式，以一种完全适应你、让你舒适的方式，悄悄地催眠你，取代人类内心的自然成长性。

人们失落了自己的自然属性，最终可能将给世界带来深重的危机。

当复制人在危难时刻还在摸索着衣服口袋里的虚拟人像显示器，召唤着他的女友。我仿佛也看到我们陷落在手机里的种种日常景象，一个卑微的孤独症患者渴望着最后的救赎，陷落于孤绝。

人类的改造计划已经在进行中，不需要一秒钟，我们就被广告和游戏温柔地召唤进一个被动的、满足的快乐世界。

《安静的力量》这本书里呈现了一个有趣的现象：那些科技前沿的顶级开发者，往往都需要定期隔绝科技产品。他们需要一定的距离，以保持对产品的敏锐观察力，而庸碌的大众，往往如饥似渴地追逐科技产品的方便和更新换代，以消解越来越残酷的社会现实。

这一点，《未来简史》的作者尤瓦尔·赫拉利也指出过，在未来的世界，只有一部分制定游戏规则的人会生存在“平庸阶级”之外，因为大多数人的思考能力将被算法取代。

看看今天，影片中指出的危险，每一样都真实存在，稍有不慎，人类就会走上毁灭的道路。这是值得我们警醒的，我和这部电影一样，不敢对人类的未来持盲目乐观的态度。

未来到哪里去找一个真正的人类，我没有答案，可能要么在原始森林，没有手机、没有电脑的隐居者；要么是那个最终攻占了商业帝国的资本之王，他将是那个唯一清醒又可怕的新造物主……

友谊真的能够跨越阶层吗

倘若两个人的友谊以共同兴趣及才能为基础的话，那么当兴趣改变时，即使不考虑社会阶层的不同，友谊也会随之改变。而在一个有史以来变革最为激烈的社会里，个人兴趣是不可能丝毫不变的。

——[美]阿尔文·托夫勒《未来的冲击》

第一次感觉到阶层差异是一次和一个富家子弟同学出去玩的时候，我们在车上坐着，不记得聊了什么，她随意感叹一句："哎，现在中国人就是仇富的太多。"

这句话自然地丢出来，我还蛮"震惊"的，因为这就是一句标准富人才会有的感叹，而对于我，心中最自然的感叹是："这个世界上怎么那么多有钱人啊，他们的钱是哪里来的？"

那一刻，我就感到了和我这个同学之间莫大的阶层差距。

窦文涛在《锵锵三人行》中描述过一个这样的场景，他说：

"你都不知道现在的中国，对相貌一般、家里没钱的姑娘挺残酷的，我就亲眼看到啊，两个姑娘去逛街，一个家里有钱，又好看，一个家里没钱，长得一般，那个有钱的就大包小包买，最后这个没钱的姑娘，基本就成为一个拎包的……"

虽然听得哑然失笑，但那画面"脑补"一下，我都觉得"不忍"。

但这样的画面又是血淋淋的现实，阶层差距已经越来越成为人际交往最大的背景。

拜一部据说是现实主义题材的都市剧《欢乐颂》所赐，我们得以有一个讨论的公共议事厅，得以让阶层差距的话题在年轻姑娘们身上尖锐地上演。作为话题剧，它的收视率已经高到成为一种现象。然而，我也是看着它往狗血的路上狂奔而去。

这条友谊的小船好尴尬

虽然名字是"欢乐颂"，但这部《欢乐颂》让人一点都欢乐不起来，我看得还有点绝望，因为大部分人都是樊胜美和邱莹莹，没有曲筱绡浑不吝的富家子弟的"谁敢欺负我，搞他全家"的底气，也没有安迪无所不在的精英冷漠的高调，"就是不妥协，所有男人都要吹捧我"；我们大多数时候就是傻傻的"小蚯蚓"，或者被家庭弄得千疮百孔、又假装坚强的樊胜美，甚至都没有关关用乖巧懂事换来的按部就班的好前景，只是无所适从、双商不够带来的为自身局限埋单的人生。

这部剧以友谊为幌子，把不同阶层的人强行拉到一起，然后拯救者曲筱绡和安迪就来了，她们有足够的资源、理性、人脉、阅历来摆平很多问题。虽然编剧故意设置她们自己也有原生家庭带来的各种烦恼，但是那些烦恼身世、家庭矛盾里没有人身批判，不算“羞辱”，不像樊胜美就是虚荣，邱莹莹一出事就是因为智商低、没理性：穷人就是蠢、笨、拎不清，有钱人就是拿捏得当，“有办法”。

即使关关会各种古典音乐、看书，是未来准中产精英的预备选手，但整部剧看下来就是证明她无趣（而赵医生爱好古典音乐就是有趣味了），对所爱不敢追求，唯唯诺诺，一点也没有光彩。

有个朋友曾经这么跟我说：“穷人穷不是没有原因的，就是懒惰和没有眼光导致的。”我觉得他的这种价值观跟这部剧的编剧很像。因为这部剧是“势利”的，精英阶层就是对的，曲筱绡屡次都毫无边界，处理事情蛮横不讲理，随意践踏樊胜美和小蚯蚓，评判她们的人生，好像只是为了证明自己神通广大；安迪穿着职业装出席酒会，樊胜美一袭红裙，把自己打扮得跟花蝴蝶一样，还有更明显的嘲笑和奚落吗？

阶层地位也决定了你可爱与否，这是消费主义文化对人的价值的碾轧。只有阶层的残酷，没有人性的悲悯，没有对人的理解，看完之后很让人绝望。

然而，奇怪的是，偏偏是这么贬低，又要把她们拉来凑成好朋友。这种毫无来由的友谊，看得我尴尬癌都犯了。关关永远在说正确的废话，每次蹭安迪的车上班，不是可怜巴巴地征求意见，就是在说 22 楼别人家的事，真是一点对话感都没有；邱莹莹就更无法跟高大上的安迪对话了，她连处女膜这件事都没想明白。她们是怎么成为朋友的？她们明明三观不合，私底下常常互相评判，怎么突然就能两肋插刀？

贫穷限制了我们的想象力

安迪代表了所有一二三线城市对金领阶层的想象，编剧显然也是想象一族（编剧要是真的属于这个阶层，也不会用力到如此做作的地步），对安迪这个人物的“意淫”，实在是投射了太多的理想。她智商高，颜值高，生活井井有条。她遇到的男人都是你我想都不敢想的男人，老谭、奇点、小包总，个个都是精英暖男。她还莫名其妙、勉为其难地继承了一大笔遗产，而且失联的亲生父亲还是个经济学家……

如此完美的角色可能会显得不太可信，编剧只好把她设定为孤儿，有精神疾病的隐患。她又不是什么公众人物，这个身世有那么见不得人了吗？她就那么爱惜自己的羽毛，起码有一大半篇幅就是在讲两个爱她的男人为她鞍前马后地掩盖“真相”，这一点又很荒谬，她这么理智、坦荡的人竟然这么怕这件事。

曲筱绡就更是了，她尖着嗓子说话，还一副上能通天、下能入地的样子，她对樊胜美尖酸刻薄到家了，想查人就查人，随便插手别人的事，直接用有钱没钱来评判别人，无情地揭露王柏川租车，每个人的男朋友二话不说就要撩，要调查……真的不是什么直爽可爱的妖精，而是不知哪里来的自大狂。

樊胜美和邱莹莹在安迪和曲筱绡的衬托对比之下，显得多么蠢萌或者弱势。借着后者的口（包括奇点），表达了自己阶层对前者的多少评价。

曲筱绡跟安迪说：“都不知道关雎尔整天那么努力干吗。”

这话真是够让人伤心的，她们生来运气好，一大帮资源跟着她们，她们不知道要努力的人多么渺小，多么受限，她们只是居高临下地看着。编剧还让观众跟着一起吹捧她们。

我觉得这代表了“真实”，就是有钱人通吃的逻辑是真实存在的。

奇妙的是，以为是小霸王的曲筱绡，也有莫名的阶层焦虑，她是富家子弟，有钱却没文化。找赵医生那样的精英知识阶层做男朋友，仿佛就是一种救赎。他俩总是在天人交战，彼此需要，却又感觉到文化上的别扭。编剧真正推崇的还是安迪那个正统精英，相比之下，曲筱绡这种野路子精英又被小小地“鄙视”了一下。然后你发现精英阶层内部也是有鄙视链的，真是残酷。

不得不说，这部剧里还真是有各种有色眼镜，当然，我们每个人内心深处都有有色眼镜，听到别人是海归、名校毕业的，我们也会莫名地觉得他们“高级”一点，投射了很多理想在他们身上，这些理想是我们自己没有实现的。这也是自然的。

可是，连着财富理想，投射更多的人格理想，再对别人进行道德评判，这就不对了。有钱就会玩、有办法，朋友圈高大上，有免于不被说蠢的权利？只能说他们所展现出来的生活场景，都透露出我们仰望的目光的局限。

正是因为当今整个中国弥漫着往精英阶层爬升的热望和意淫，所以也充满着人们对自己地位的评判，然后带来很不满足、幸福感低落的人生。

人性共通的弱点，才是友谊的桥梁

1998 年美国 HBO 电视网发行的《欲望都市》是一部很好的电视剧。

《欲望都市》中的四个女人，萨曼莎有自己的公关公司；米兰达是哈佛法学院毕业的律所合伙人；夏洛特毕业于史密斯文理学院，主理着曼哈顿的高级画廊；凯莉看起来最不务正业的一个，也是纽约小有名气的专栏作家，出版过小说，长期给时尚杂志供稿。

《欲望都市》里的女人都是城市新中产阶层，她们一起吃早午餐，一起泡酒吧，彼此陪伴。她们之间没有强行拉到一起的阶层差异，她们没有互相评判，没有毫无界限地插手别人的事情,指点别人的人生。萨曼莎50岁了还在性伙伴之间腾挪转移，享受人生，永远不被年龄牵绊，她的朋友们虽然并不都赞同她的人生，但无条件接纳她的活法；而米兰达可以找一个比自己小、地位不如自己的男人，她们也祝福她，帮她带小孩。

最感人的是，不管多爱一个男人，只要姐妹召唤，凯莉会马上放下热恋中的Mr.Big，在她心中，她永远知道，在都市光怪陆离的爱情生活里，彼此才是依靠，守候在彼此身边，听对方唠叨，这样她们才能面对生活中种种迷惑前进……这种友谊是真正的三观相合，彼此尊重。

《欲望都市》向我们打开了女人的整个世界：

年龄不是问题，什么年龄都可以是永远的女孩。

友谊不是永远赞同你的意见，而是和你不同，但我永远在你身边，你可以做你自己。

性超越道德评判，是你生活方式的一种，是人生的选择。

爱自己、爱彼此，永远大于爱一个男人。

…… ……

这些基于永恒人性的讨论在四个女人以纽约为背景的生活中慢慢呈现，没有指手画脚的太后母亲的干扰，没有彼此的随意比较……看了这部剧，再对比《欢乐颂》，你会感叹，我们真的还没有从容到去探索这种内心真问题的发展阶段，我们依然在为生存而焦虑，即使物质上摆脱了生存焦虑，内心依然在为匮乏感而焦灼。

经济决定的阶层和格局的确是某种真实，但也不是全部的真实。

起码如果你被范雨素的文章感动过，你就会知道在社会地位的现实与内心世界之间，还有巨大的空间。人是比阶层存在更为丰富的存在。

那些幸运的人告诉你，世界的资源拿到手了，你就自信快乐；可是不幸的人就只能戴着沉重的锁链，倒在奔跑的路上吗？有的人需要很多的车子房子来解决生存焦虑，而有的人如范雨素，她的阶层也是她的财富，她自有一种人性的光芒。人有很多种可能性。

世界是艰难的，每个人都在自己的路上，还轮不到我们去评判别人的可能性。

不久，纽约曼哈顿的女性或许是我们的未来，但现在北上广的女人可能还只在一个阶层混战的斗兽场中生存。

“与自己相处”到底是一种怎样的能力

对独处的热爱并不是某种原初的倾向，而是经验和思考之后的结果，并且是随着自身的思想能力的发展和与此同时岁数的增加而形成。据此而言，一个人对社会交往的渴望程度与他的年龄大小成反比。

——[德]叔本华《人生的智慧》

翻开徐静蕾的微博，忍不住感叹这姑娘竟然是被娱乐圈埋没了的“手艺人”。

老徐好几年才拍一部戏，她大部分时间都在自己跟自己“玩”：旅游、练字、做衣服、做手工包、吹玻璃、做陶瓷……

一年之内，她做了一百多个手工包，还有几百件饰品，布包、钱包、手链、手串、软陶……

她说，一个人专心做东西的时候，时间过得最快，什么都忘了。

什么？一个人可以玩得这么“嗨”？为什么身边还有很多人，只要让他在家里独处，马上心情就跌落冰点？

知乎某网友说：“我只要一个人，就是不停地刷网页，一部接一部地刷电影，漫无目的地打发时间，又或者是情绪失控地大哭。白天和朋友们在一起的时候，我就很正常，只要一个人的时候，我就变得脆弱敏感，反反复复。它让我浪费了很多提升自我的机会。”

作家周国平说过：“人们往往把交往看作一种能力，却忽略了独处也是一种能力，并且在一定意义上是比交往更为重要的一种能力。反过来说，不擅交际固然是一种遗憾，不耐孤独也未尝不是一种很严重的缺陷。”

到底是什么决定了我们的独处能力？它是天生的吗？我们如何培养这种能力呢？

能否独处，就是与自己的关系好不好

如何衡量一个人的独处能力？心理学家说，可以对镜自测。

闭上眼睛，想象自己面对着一面镜子。如果你看到镜中的自我是令人生厌的，那么在生活中，你可能很难独处。相反，如果你看到镜中的自我，感到愉悦，那么你很可能是一个比较能够忍受孤独，容易在独处中找到乐趣的人。

为什么独处的能力与镜子中的“自我意象”相关？

因为独处就是与自己相处，它展现了我们与自己的关系。

英国心理学家温尼科特指出，独处的能力指的是“一个人与自己融洽相处的能力”，尤其是在没有他人陪伴的时候，仍能很好地回应内心的冲动与需求的一种能力。

在温尼科特看来，独处的能力是一个人情感成熟的标志。人在独处的时候，自我与世界之间有一条清晰的界限。在自我的界限之内，人能在自我内部进行整合，把自我当成一个整体。当他再转向人际关系的时候，他就能把新的经验放到整体中某个恰当的位置。

完全不能独处，为什么

有些人是完全不能独处的。

邻家大叔是名副其实的社交动物，每天呼朋引伴，不是喝酒吃饭，就是打麻将，他的生活总是有一大帮人环绕在周围。他说：“一个人总是待在家里，显得太孤僻，不开心，死得快，大家一起热闹一下，岂不是更好？”

他之所以把待在家里说成是负面的“孤僻”，因为小时候，他被送到乡下亲戚家里寄养，直到读高中才回来。他很少在家庭里得到乐趣和安全感，只有当他在外面认识了一帮哥们儿，他才感觉找到了自己的价值感。

长大后，他仍然保持了这种情感模式。在家里独处，仿佛意味着触碰他内心深处被抛弃的创伤性记忆。

人的分离和依恋是互相作用的，先有依恋，我们才能安全地分离。真正的独处能力建立在“情绪联结的安全感上”。如果你从一个人（早期通常是妈妈）那里得到过温暖的感觉，也就是说，你内化了一个安全的情绪感受，那么，当你在孤独的环境之中，你也很确定自己是被爱的，这样你独自一个人也可以安心。

对一个缺乏内在情绪安全感的人来说，独处可能是一种巨大的隔绝，他觉得这个世界只剩下他一个人，不安全感就会占据他的注意力，他会到处寻求情感联结，因为他并没有内化到稳定的安全情绪。

回想一下，很多无法独处的人，都与安全依恋的缺乏有关。

在另一种情况中，与自己无法相处，则与一种巨大的焦虑有关。

晓梅是一位年轻的妈妈。她很热情，常常跟我聊孩子的教育——但有点太爱聊了。别人都安静地坐在教室外面等孩子，但她总是在找人说话，而且她的话题往往是“你家孩子上英语班了吗？”“我听说 ××× 在哪里学……”“你家孩子的幼儿园找好了吗？如果是公立就应该……”“对了，有一个早教班比较好，我听说……”她把五花八门的教育信息推到别人面前，也透露出她对每一种信息都很纠结，只是她缺乏稳定的衡量标准，无法抉择，所以她到处征求意见，以致自己越来越头大。

她是“内在核心力量”虚弱人群的一个典型，她不停地寻求外在的认同。这也是缺乏独处能力的另一种表现。

缺乏独处能力的深层原因是什么？矛盾－焦虑型依恋关系。当你是婴儿的时候，如果你的妈妈一会儿对你温柔，一会儿对你又打又骂，你的整个内在世界就会分裂成两个碎片——“好妈妈”和“坏妈妈”。

你不知道你的妈妈到底是好妈妈还是坏妈妈，你的内心感到不踏实，你永远必须预测这个人下一刻会怎样，以防止自己受到伤害。

我们所说的情绪安全感，必须是一个稳定、永恒的意象。如果这个意象是破碎、不稳定的，你就会把注意力放在外界，不得不一直关注外界是不是友好。这样的人往往有一个焦虑多变的妈妈，从小就习惯于把自己的力量都放在对外界的预测上，就好像一个国家把国防力量全部用来守卫边疆，而首都中心就没有人员驻扎了。因为内在自我没有力量，更加依赖外界，形成恶性循环。

有些人能独处，但也不代表享受独处

以上是两种很难独处的人，还有一种人，看起来特别善于“独处”。比如我大学时代的一个室友，她早早就放弃了集体生活，总是一个人吃饭、看书，独来独往，即使在寝室里，也早早就把床上的帘子拉上，一副生人勿近的样子。

后来她谈了恋爱，我们突然看到文静的她的另一面：超强的控制欲。她的男友有一回约会迟到，无论怎么解释都没有用，众目睽睽之下，她把男友书包里的所有东西从四楼丢下去。

最后分手的原因也非常简单，女孩说：“你要是爱我，怎么可能戒不了烟？”而男友说，这是两回事。她不能认同，因此，她跟他分手了。

这个女孩有超高的恋爱标准，对她来说，这个标准是黑白分明的，绝对没有中间地带。

有时候我在想，这可能就是这个女孩的世界观。她只有在与外界隔离，没有关系的情况下，才能让自己的原则不被“侵犯”。一旦谁闯入她的领地，她就会把一种超强的人际体验都放在对方的身上，对方必须被她“同化”。

只是，她享受独处吗？也许这只是一种防御性的生存策略。她在逃避与人接触的真正麻烦——差异性。她早早放弃了这种多样性，她画地为牢，只活在一个人的“完美”之中。

所以，并不是每个选择独处、主动独处的人，都是享受独处的。这个女孩的情况就是一种回避性独处，她只是他们放弃了对“人群”的信任，选择了自我保护。

如何培养一个人的独处能力

什么使一个人真正拥有独处的能力，享受独处，也享受与人联结？

健康的独处能力，应该是在与人建立安全的情感联结的同时，搭配一些有益的“独处剂量”。

它遵循着一个内心原则和两个方向：一个方向是增强自我供给的能力，另一个方向是增强与人联结的能力；而内心原则是我们真的“享受独处”，而非自我隔离。

对无法在独处中安静下来的人来说，首先要做的是控制焦虑情绪，不再无止境地寻求外界的认同，而是寻求自我价值感。一些催眠练习、冥想或者禅修的方法都能有效地帮助你。

其次，改善自己与自己的关系，对培养独处能力也非常重要。这个方面，你可以通过练习与自己进行内在对话来一步步地疗愈自己。

心理学家通常会通过与内在小孩沟通的方式来帮助你重建

与自己的良好关系。

1．想象你是一名温柔有爱的家长，现在要领养一名小孩（你想要领养的就是你的内在小孩）。请你给这个小孩写一封信，告诉他：你爱他，你会花时间陪伴他慢慢长大；你会尽全力去了解他的需要，用心地珍惜和关爱他……

2．写好信之后，请你对你的内在小孩大声朗读出来，并且体会在这个过程中，你是什么感受。当你觉得伤心的时候，你可以哭出来。

3．请让你的内在小孩给现在的你写一封信，在信中，让这个孩子表达自己的感受、想法和愿望，或者其他想表达的内容，写好后也朗读一遍，体会这个过程中自己内心的感受。

4．请你温柔地对着镜子，向你的内在小孩表白：

a. 欢迎你到这世上来，我一直在这里等你。

b. 我真高兴你在这儿。

c. 我就喜欢你现在的样子，不管怎样，我都会爱你。

d．你是全世界独一无二的人，我会好好爱你，也会照顾你。

e．不管怎样，我都不会离开你，我会陪着你。

…… ……

当你重复这个练习时，你会感到平静，感到被接纳。一个悦纳自己的人最终能够打开自己的内在资源，找到独立的空间，成为真正能享受独立和自由的人。